Christina Krause | Corinna Kern
Ich bin ich und wir sind wir

Christina Krause | Corinna Kern |
Yo Rühmer (Illustrationen)

Ich bin ich und wir sind wir

Stärkung von Selbstwert und Zugehörigkeit in der Kita

BELTZ JUVENTA

Die Autorinnen

Dr. Christina Krause, Diplom-Pädagogin, promoviert und habilitiert in Pädagogischer Psychologie, Verhaltenstherapeutin und Familientherapeutin mit Approbation als Kinder- und Jugendlichen-Psychotherapeutin, war Professorin für Pädagogische Psychologie und Beratung am Pädagogischen Seminar der Georg-August-Universität Göttingen.
Kontakt: ckrause@gwdg.de

Corinna Kern, Erzieherin, Heilpädagogin, Kindheitspädagogin, Systemische Beraterin & Therapeutin, Sozial- und Familientherapeutin (DGSF) mit langjährigen Erfahrungen in der Arbeit mit Kindern und Familien in Kindertagesstätten und Eltern-Kind-Zentrum. Fachberaterin für Kindertagesstätten.
Kontakt: corinna-kern@gmx.de

MIX
Papier aus verantwortungsvollen Quellen
FSC® C089473

Dieses Buch ist erhältlich als:
ISBN 978-3-7799-6735-4 Print
ISBN 978-3-7799-6736-1 E-Book (PDF)

1. Auflage 2022

Herstellung: Ulrike Poppel
Satz: text plus form, Dresden
Druck und Bindung: Beltz Grafische Betriebe, Bad Langensalza
Beltz Grafische Betriebe ist ein klimaneutrales Unternehmen (ID 15985-2104-100)
Printed in Germany

Weitere Informationen zu unseren Autor_innen und Titeln finden Sie unter: www.beltz.de

Inhalt

Vorwort

Dieses Buch enthält konkrete Anregungen und Impulse, um Kindern in Tageseinrichtungen zielgerichtet und kontinuierlich bei der Entwicklung wichtiger Lebenskompetenzen zu helfen. Es beinhaltet Informationen und Materialien für die Förderung jener Ressourcen, die Kinder zur Bewältigung alltäglicher Belastungen befähigen. Die entwickelten Übungen unterstützen sie dabei, Selbstsicherheit zu entwickeln, Kommunikationsfähigkeiten zu erwerben und sich selbst und die anderen besser kennenzulernen. Mithilfe der vielfältigen Vorschläge können Erzieherinnen das Wohlbefinden der Kinder stärken und fördern. Die hier erarbeiteten Angebote sind so konzipiert, dass sie gut in einem *Vorschulprojekt* zum Einsatz kommen können.

Bei der Erarbeitung der Inhalte konnte auf Erfahrungen und Rückmeldungen von pädagogischen Fachkräften zurückgegriffen werden. Aus der Arbeit mit dem Gesundheitsförderprogramm „Selbstwert stärken – Gesundheit fördern" für Grundschulen (Krause et al. 2000/2001) und mit dem „Ich-bin-Ich-Programm" für Kitas (Krause 2009) haben wir eine Reihe von Rückmeldungen erhalten. Diese wurden bei der Überarbeitung und der Erstellung des hier vorliegenden Buches berücksichtigt.

Ich bedanke mich vor allem bei den Erzieherinnen, die uns ihre – meist positiven – Erfahrungen mit dem „Ich-bin-Ich-Programm" mitgeteilt haben. In vielen Einrichtungen ist es ein fester Bestandteil bei der Umsetzung der Bildungs- und Erziehungspläne geworden.

Da das „Ich-bin-Ich-Programm" seit längerem vergriffen ist, ich aber immer wieder Anfragen dazu erhalte, habe ich mich zu einer Überarbeitung und Aktualisierung der Inhalte entschlossen. Unterstützt wurde ich dabei von Frau Corinna Kern, die schon an der ersten Erprobung der Module in den Jahren 2006 bis 2009 beteiligt war, kontinuierlich in unterschiedlichen Kitas damit gearbeitet hat und ihre langjährigen Erfahrungen einbringen konnte.

Ich weiß, dass Kinder sich mit Begeisterung über ein Jahr lang von den beiden Maskottchen begleiten lassen und sich auf ihren „Ich-bin-Ich-Tag" freuen. Lassen auch Sie sich begeistern! Schauen Sie sich die acht Module genauer an, und dann wagen Sie den Start! Ich wünsche Ihnen und den Kindern viel Freude und Erfolg.

In Anbetracht der Tatsache, dass in Kindertageseinrichtungen vorwiegend Frauen beschäftigt sind, wird in diesem Buch die weibliche Form der Berufsbezeichnung benutzt; es mögen sich bitte alle pädagogischen Fachkräfte angesprochen fühlen.

Christina Krause

1 Warum Gesundheitsförderung im Kindergarten?

Brauchen wir im Kindergarten denn schon Gesundheitsförderung? Sind Kinder in diesem Alter nicht (noch) gesund genug?

Die seit dem Jahre 2003 kontinuierlich durchgeführten repräsentativen Untersuchungen zur Kindergesundheit in Deutschland (KiGGS 2007; RKI 2018) zeigen, dass psychische Probleme im Kindes- und Jugendalter gesundheitliche Beeinträchtigungen mit schwerwiegenden Konsequenzen für das individuelle Wohlbefinden darstellen. Dabei wurden emotionale Probleme, Verhaltensprobleme, Hyperaktivitätsprobleme, Probleme im Umgang mit Gleichaltrigen und Probleme im sozialen Verhalten untersucht.

Schauen wir uns einmal die Daten der Drei- bis Sechsjährigen (n = 3 875) aus der Studie an. Die Daten stammen aus Elternangaben zur Lebensqualität der Kinder.

Tab. 1: Drei- bis sechsjährige Kindergartenkinder ohne Problemverhalten

Geschlecht		Migrantenstatus		Sozialstatus			Gesamt
Jungen	Mädchen	Migrant	Nicht-migrant	niedrig	mittel	hoch	
84,2	89,4	77,2	88,5	76,0	89,2	93,3	86,7

Quelle: Kinder- und Jugendgesundheitssurvey (KiGGS) 2007 (vgl. Ravens-Sieberer/Ellert/Erhart 2007, S. 810 ff.).

Es fällt auf: Die Mehrheit der Kinder ist psychisch unauffällig! Es ist aber auch zu sehen, dass mehr Mädchen, mehr Nicht-Migranten und mehr Kinder mit hohem Sozialstatus psychisch unauffällig sind. Jungen, Migranten und Kinder mit niedrigem Sozialstatus scheinen weniger Schutzfaktoren zu besitzen als Mädchen und als Kinder von deutschen (und wohlhabenden) Eltern. Auch in der Phase 2 (RKI 2018) zeigte sich, dass Kinder aus Familien mit niedrigem sozioökonomischem Status mehr als doppelt so häufig psychisch auffällig sind wie Gleichaltrige aus Familien mit hohem Status (vgl. Klaasen et al. 2017).

Wir können davon ausgehen, dass Armut – meist gekoppelt mit der kulturellen Herkunft, also Migrant-Sein – ein Risikofaktor ist. Schlechte ökonomische Lebensverhältnisse – insbesondere in von staatlicher Unterstützung (z. B. Hartz IV) lebenden Familien – scheinen die Chance auf Herausbildung psychischer Schutzfaktoren zu verhindern bzw. zu vermindern.

Mit einem niedrigen sozialen Status sind Entwicklungsdefizite und gesundheitliche Probleme – vor allem im Bereich der psychischen Gesundheit – sowie Benachteiligung auf dem Bildungsweg verbunden. Verstärkt werden die Probleme durch die sich seit dem Jahre 2020 sehr schnell und global ausbreitende Corona-Pandemie. Sie hat den Alltag der Familien verändert. Kitas und Schulen waren über Monate geschlossen. Ängste, Verluste, Einsamkeit, Ungeduld und Unzufriedenheit der Eltern blieben nicht ohne Auswirkungen auf die Kinder. Mit den Folgen für die psychische Gesundheit der jungen Generation werden wir sicherlich sehr bald und noch lange Zeit massiv konfrontiert sein.

Die Aufgabe der Gesellschaft, jedem Kind die Chancen auf eine bestmögliche Lebensperspektive zu geben, kann unter Ausnahmebedingungen noch weniger als zuvor erfüllt werden. Aber sie besteht weiterhin und verlangt einerseits die besondere Förderung benachteiligter Familien und andererseits eine qualitativ hochwertige Bildungs- und Erziehungsarbeit in den

Kindertageseinrichtungen. Denn die Kita als erste Bildungsinstitution ist ein Ort, an dem *alle* Kinder und deren Eltern erreicht werden können und Gesundheitsförderung im „pädagogischen Alltag als durchgängiges Prinzip" (vgl. Bayerischer Bildungs- und Erziehungsplan, S. 376) realisiert werden kann.

Jedes Kind erwirbt im gemeinsamen Spielen und Lernen mit anderen Kindern die notwendigen Kompetenzen für den weiteren Entwicklungsweg, der ja zunächst ein Schulweg sein wird. Die Bildungs- und Erziehungspläne für Kindertageseinrichtungen berücksichtigen die Erkenntnisse der Human- und Sozialwissenschaften, die in den letzten Jahrzehnten eine Kehrtwende im Verständnis der frühkindlichen Bildung und Erziehung einleiteten: Die ersten sechs Lebensjahre sind besonders lernintensiv, deshalb brauchen Kinder gerade in dieser Zeit die bestmöglichen Bildungschancen, um ihre Kompetenzen allseitig entwickeln zu können. Einen besonderen Stellenwert für die Herausbildung der Voraussetzungen zum lebenslangen Lernen haben dabei die Basiskompetenzen des Kindes, die im Kindergarten beim spielerischen Lernen gefördert werden. Das kann durch vielfältige Projekte und Lernangebote unterstützt werden. Die in diesem Buch gesammelten Ideen und Materialien können Sie, liebe Erzieherinnen, bei der Bewältigung Ihrer Aufgaben unterstützen.

2 Salutogenese – die Suche nach den Quellen der Gesundheit

2.1 Was bedeutet Salutogenese?

Die für den Erhalt und die Stärkung der Gesundheit von Kindern in diesem Buch vorgeschlagenen Ideen und Materialien haben zum Ziel, die für das gesunde Aufwachsen notwendigen Schutz- bzw. Gesundheitsfaktoren zu entwickeln – und zwar basierend auf dem salutogenetischen Konzept.

Was heißt „salutogenetisches Konzept"? Es war Aaron Antonovsky, der diesen Begriff in die Gesundheitswissenschaften eingeführt hat. Der Beginn dieser neuen Betrachtungsweise von Gesundheit – in den 70er und 80er Jahren des letzten Jahrhunderts – wird auch als Zeit eines Paradigmenwechsels bezeichnet. Deshalb hierzu kurz ein paar Ausführungen.

Antonovsky hat Gesundheit neu definiert. Er löste sich vom Blick auf die „Pathogenese" und schaute stattdessen auf die „Salutogenese". Das Wort *Salute* wird in Spanisch sprechenden Ländern anstelle *„zum Wohl"* beim Anstoßen in einer Weinrunde benutzt und heißt so viel wie *Heil, Wohlsein* und *Gesundheit.* Ursprünglich ist es vom lateinischen Wort *salus* entnommen. Das Wort *Genese* kommt aus dem griechisch-lateinischen Sprachgebrauch und heißt übersetzt *Entstehung* und *Entwicklung.*

Aus dem zusammengesetzten Wort *salu* und *genese* ergibt sich mit einer kleinen Buchstabenergänzung der Begriff *Salut-o-genese* und bedeutet somit *Entstehung* bzw. *Entwicklung von Gesundheit.* Der Begriff *Pathogenese* meint mit dem Wort *pathos,* das aus dem Griechischen kommt und *Leiden* bzw. *Krankheit* heißt, demnach *Entstehung von Krankheit.*

Antonovsky versteht Gesundheit als ein Kontinuum und meint damit, dass wir immer beides sind; wir sind, wenn wir krank sind, zugleich auch gesund und umgekehrt. Es verhält sich so wie mit einem Glas, das mit Wasser gefüllt ist. Wenn es halb voll ist, dann wären wir krank und gesund mit etwa gleichem Anteil. Da Gesundheit immer sowohl ein körperlicher als auch ein seelischer und sozialer Zustand ist, kann es durchaus sein, dass ein Kind zwar wegen einer Kinderkrankheit im Bett liegen muss, sich aber sehr wohl fühlt, weil es so liebevoll von seinen Eltern umsorgt wird. Da möchte es am liebsten noch ein bisschen länger „krank" bleiben!

Wenn das Glas bis an den Rand gefüllt ist, könnte dieser Zustand „sehr krank" bedeuten. Ist es aber ganz voll, dann würde es überlaufen, und die Person wäre tot. Wenn im Glas gar nichts drin ist, dann gibt es diesen Menschen nicht. Es muss schon eine ganz kleine Menge Wasser drin sein, um von einem Glas mit Inhalt sprechen zu können. Antonovsky (1997, S. 23) formulierte das so: „Wir sind alle sterblich. Ebenso sind wir alle, solange noch ein Hauch von Leben in uns ist, in einem gewissen Ausmaß gesund."

Meist befinden wir uns zwischen den beiden Zuständen „krank" und „gesund". Das Interessante dabei ist aber, dass zwei Menschen mit gleichem Zustand (das Glas ist z. B. bei beiden halb voll) das ganz unterschiedlich erleben können. Der eine fühlt sich „sehr krank", und dem anderen geht es „wunderbar". Wenn wir uns das verdeutlichen, dann liegt die salutogenetische Frage schon auf der Hand: Wieso ist die eine Erzieherin so krank, während die andere bei den gleichen Belastungen sich wohl fühlt und gesund und munter ihre Arbeit verrichtet?

Wir sind vielen Herausforderungen im Verlaufe unseres Lebens ausgesetzt, und es ist schon bemerkenswert, wie viele Menschen das so meistern, dass sie gesund bleiben. Aber eben nicht alle! Die Salutogenese fragt nun danach, was jene Menschen haben, die mit diesen Herausforderungen des Lebens gut fertig werden und trotz gesundheitsschädlicher Einflüsse gesund bleiben. Mit Blick auf unsere Kinder ist das eine ganz besonders wichtige Frage. Wenn wir das wüssten, dann könnten wir viel zielgerichteter und bewusster auf die Entwicklung dieser Fähigkeiten oder Eigenschaften achten oder jene Bedingungen schaffen, die sie entwickeln helfen.

Bei der salutogenetischen Frage „Was erhält Menschen gesund?“ können sicherlich die unterschiedlichsten Antworten gegeben werden. Für die Bemühungen um die Gesundheit der Menschen und vor allem mit Blick auf Kinder ist es jedoch wichtig, jene Gesundheitsfaktoren zu ermitteln, deren Förderung möglich und sinnvoll ist und den Heranwachsenden hilft, gesund zu bleiben oder sich zumindest in Richtung des Pols „Gesundheit“ bewegen zu können.

In der traditionellen Medizin und Psychologie interessierten vorwiegend die Risikofaktoren – also die krank machenden Lebensumstände und Persönlichkeitsmerkmale – und Heilung schloss die Beseitigung, Minderung oder Vermeidung dieser Risiken ein. Es wurde eine Vielzahl solcher Risiken, die meist mit problematischem Gesundheitsverhalten zu tun haben, gefunden. Sie liegen im Bereich der Ernährung, der Bewegung und des Stressmanagements (vgl. Hurrelmann 2004, S. 33). Es ist inzwischen eine Binsenweisheit, dass die Zunahme an Übergewichtigen in unserem Lande meist mit falscher Ernährung zu tun hat und dass das noch durch Bewegungsmangel verstärkt wird. Während der Corona-Krise haben diese Probleme von Kindern außerdem deutlich zugenommen. Eine bundesweit durchgeführte Studie (COPSY-Studie) zur psychischen Gesundheit und Lebensqualität von Kindern und Jugendlichen während der COVID-19-Pandemie zeigte mehr Ängste und Sorgen, ungesunde Ernährung, kaum Sport, angestiegener Medienkonsum (Ravens-Sieberer et al. 2020). Soziale Kontakte werden in Zeiten der Pandemie häufig durch soziale Medien ersetzt.

Auch bei den Präventionsmaßnahmen (z. B. Abstand zu anderen Menschen, Mund-Nasen-Schutz, Impfungen), die selbstverständlich wichtig sind, wird der Fokus auf die Risiken und Krankheiten, um deren Vermeidung es letztlich geht, gerichtet. Wir alle erleben es gerade bei den Maßnahmen, die angeordnet oder vorgeschlagen werden, um die Pandemie einzudämmen bzw. die Menschen vor der Ansteckung zu schützen. Sicherlich haben sie aktuell eine gewisse Wirkung, d. h. es erkranken und sterben weniger als ohne diese Präventionsmaßnahmen. Sie helfen aber wenig bei der Stärkung gesundheitsförderlichen und umweltschonenden Verhaltens, um die Voraussetzungen für neue Pandemien zu minimieren oder uns zumindest besser darauf vorzubereiten.

Es war das große Verdienst von Antonovsky, einen Perspektivenwechsel eingeleitet zu haben, indem er nach Schutzfaktoren, also nach jenen Ressourcen, die die Gesundheit erhalten bzw. stärken, zu fragen begann. Auf die gegenwärtige Situation bezogen, würden sich die Fragen so anhören:

- Welche Ressourcen haben wir oder brauchen wir, um zukünftig den Viren zu begegnen?
- Welche Gesundheitsfaktoren sind notwendig, um die besonderen Belastungen während der Pandemie bewältigen zu können?
- Und wie können Kinder auch im digitalen Zeitalter in Bewegung bleiben und ganzheitliche Erfahrungen machen?

Aus salutogenetischer Sicht interessieren nicht die Risikofaktoren – die Frage nach den krank machenden Lebensumständen und Persönlichkeitsmerkmalen –, sondern die Frage nach den Schutzfaktoren, also jenen Bedingungen, die die Gesundheit erhalten bzw. stärken.

Angesichts der Zunahme psychischer Störungen bei Kindern und Jugendlichen, die sicherlich durch Corona noch verstärkt werden wird, ist die Antwort auf die Frage, welche Kompetenzen die Heranwachsenden entwickeln sollten, um auf zukünftige Anforderungen gut vorbereitet zu sein, ein hoch aktuelles Anliegen.

Antonovsky hat eine Reihe solcher „Widerstandsressourcen“ genannt, die für die Herausbildung einer positiven Haltung zu den Risiken des Lebens wichtig sind. Wer in seinem Leben diese Erfahrungen machen kann, würde – so sagt Antonovsky – bis zu seinem Erwachsenenalter den sogenannten *Kohärenzsinn* entwickeln, der dann so etwas wie eine *Lebensorientierung* wäre. Dazu später mehr.

In den Modulen, die zur Förderung der psychischen Gesundheit in diesem Buch vorgestellt werden, haben wir zwei dieser Ressourcen in den Mittelpunkt gestellt: das *Selbstwert- und das Zugehörigkeitsgefühl.* Beide „Gefühle“ halten wir für wesentliche Schutzfaktoren, die zu den inneren Widerstandskräften einer Person gehören. Sie sind etwas typisch Menschliches, denn der Mensch ist ein soziales und mit Bewusstsein ausgestattetes Wesen. Man kann sich diese Schutz- bzw. Gesundheitsfaktoren auch wie Puffer vorstellen, die helfen, die Stressoren, die zu unserem Alltag gehören, abzufedern.

2.2 Die Gesundheitsfaktoren: Selbstwert-, Zugehörigkeits- und Kohärenzgefühl

In diesem Buch stehen also die beiden Widerstandsressourcen *Selbstwert- und Zugehörigkeitsgefühl* im Mittelpunkt. Die Erfahrungen von Selbstwert und Zugehörigkeit sind eng verbunden mit der Herausbildung des *Kohärenzgefühls,* jenes von Antonovsky so benannte Lebensgefühl, das als eine innere Orientierung und Stimmigkeit verstanden werden kann.

Das Selbstwertgefühl

„Ich bin ich, und so wie ich bin, bin ich okay.“ Wer das von sich sagt, könnte ein Mensch mit einem guten Selbstwertgefühl sein. Das scheint bei vielen auch der Fall zu sein. Aber es stimmt doch bedenklich, wenn berichtet wird, dass schon 14-Jährige zum Schönheitschirurgen gehen, um sich verändern zu lassen, weil sie eben nicht mit sich zufrieden sind – weil sie ihr Aussehen (Nur das?) nicht akzeptieren können.

Doch was bestimmt eigentlich das Selbstwertgefühl? Das Aussehen? Der Besitz? Die Leistungen?

Das Selbstwertgefühl ist die gefühlsmäßig verankerte Beziehung eines Menschen zu sich selbst und schließt die Akzeptanz der eigenen Person sowie Zuversicht in die eigenen Möglichkeiten ein.

Es ist also die Beziehung zu sich selbst. Das ist interessant, weil es die Fähigkeit voraussetzt, sich selbst sozusagen von außen zu sehen. Wir wissen, dass Kinder ungefähr mit zwei Jahren diese Fähigkeit erwerben. Das hat man durch Spiegelexperimente herausgefunden (vgl. Brooks-Gunn/Lewis 1984).

Wir können uns sozusagen selbst beobachten, selbst erkennen, selbst kontrollieren und selbst beurteilen. Und wir können uns selbst mögen oder auch nicht. Was ist verantwortlich dafür, dass das Selbstwertgefühl sehr unterschiedlich ausgebildet sein kann?

Das Selbstwertgefühl entsteht aus dem Erleben von Kompetenz, Partizipation und Anerkennung. Für die Entwicklung des Selbstwertes sind die Erfahrungen aus der frühen Kindheit besonders bedeutsam.

Normalerweise macht das Kind von Geburt an Selbstwert stärkende Erfahrungen, weil die Eltern durch ihr Verhalten dem Kind Wertschätzung vermitteln und Sicherheit geben. Sie lieben ihr Kind, vertrauen auf seine Entwicklung und freuen sich über Fortschritte. Sie kommunizieren offen und würdigen die Individualität und die Besonderheiten ihres Kindes. Antonovsky nennt ähnliche Voraussetzungen für die Entwicklung der Gesundheitsressourcen. So sei es z. B. wichtig, dass das Kind sich in soziale Aktivitäten einbringen kann und die Vertrauenspersonen konsistent freundlich, zugewandt und akzeptierend reagieren. „Spiel, Berührung, Zuwendung und Stimme drücken in unendlicher Vielfalt aus: Du bist uns wichtig“ (Antonovsky 1997,

S. 97). Bevor ein Sinn von Bedeutsamkeit der Welt und des eigenen Lebens entwickelt werden kann, muss ein beständiges Gefühl des eigenen Selbst-Wertes vorhanden sein. Wir können davon ausgehen, dass ca. 80 % der Kinder bis zum Schulbeginn ein positives Selbstwertgefühl besitzen (vgl. Krause 2000). Das bedeutet aber auch, dass 20 % die für ihren Schulstart notwendige Ressource nicht besitzen. Da Schule häufig eher Selbstwert mindernde als Selbstwert stärkende Auswirkungen hat, ist die Prognose für diese Kinder ungünstig.

Das Zugehörigkeitsgefühl

„Wir sind wir. Du gehörst zu uns, du bist hier willkommen." Wer dieses Gefühl erlebt, könnte ein Mensch mit einem guten Zugehörigkeitsgefühl sein. Auch das scheint eine weit verbreitete Erfahrung zu sein; zumindest in der Familie fühlen sich die meisten Kinder willkommen. Sie fühlen sich sicher, akzeptiert und geliebt.

Das Zugehörigkeitsgefühl ist die gefühlsmäßig verankerte Beziehung zu anderen Menschen. Es ist das Gefühl des Angenommenseins und des Dazugehörens und schließt Sicherheit, Verbunden-Sein und Resonanz ein.

Aus den zur Verfügung stehenden Daten, die sowohl aus der Resilienzforschung als auch aus Forschungen der Neurobiologie bekannt sind, lässt sich mit ziemlicher Sicherheit sagen, dass „der Empfang einer Mindestdosis von verstehender Resonanz ein elementares biologisches Bedürfnis ist, ohne das wir letztendlich gar nicht leben können" (Bauer 2006, S. 107). Resonanz heißt für das Kind: Es wird wahrgenommen und erhält Rückmeldung. Im positiven und entwicklungsfördernden Falle wird es nicht nur wahrgenommen, sondern akzeptiert und angenommen. Es erhält Zuwendung sowie Selbstwert stärkende Rückmeldungen, kann sich seiner Bezugsperson sicher sein und darf an seiner Welt aktiv partizipieren (vgl. Krause 2018).

Die Gewissheit des Kindes, dass es auf die Unterstützung seiner Bezugspersonen vertrauen kann, gehört zu den wichtigsten Ressourcen und ist ein bedeutsamer Faktor des Wohlbefindens.

Der Zusammenhang von Zugehörigkeitsgefühl und Selbstwertgefühl ist offensichtlich: Ohne das Gefühl von Zugehörigkeit und Bindungssicherheit kann kein positiver Selbstwert entstehen. Er entsteht in der Kommunikation mit den Bezugspersonen, die dem Bedürfnis des Kindes nach Selbstakzeptanz und Selbstverwirklichung gerecht werden.

Das Kohärenzgefühl

Das Kohärenzgefühl wird als eine generelle Einstellung gegenüber dem Leben, als eine globale Lebensorientierung beschrieben (Antonovsky 1997). Man kann es als eine innere Verfassung, als ein typisches Verhalten des einzelnen Menschen erkennen. So zeigt sich das Kohärenzgefühl zum Beispiel im Verhalten der Erzieherin, wenn sie aufmunternd zu einem Kind sagt: „Mach dir nichts draus, beim nächsten Mal wird es dir besser gelingen." Oder es wird deutlich, wenn die stets neugierige quirlige Vierjährige nicht eher Ruhe gibt, bis sie weiß, was in der geschlossenen Kiste drin ist.

Kinder mit einem hohen Kohärenzsinn sind besser auf die Risiken ihres Lebens vorbereitet. Antonovsky sagt, dass der Kohärenzsinn sich in der Kindheit und Jugend herausbildet, wenn die Lebensumstände bzw. das Erziehungsverhalten der Bezugspersonen die notwendigen Bedingungen gewährleisten (vgl. Antonovsky 1997, S. 91 ff.).

Die Überzeugung davon, dass die Welt verstehbar und erklärbar ist, kann dann entstehen, wenn Kinder Konsistenz und Kontinuität im Verhalten ihrer Bezugspersonen erleben, wenn sie emotionale Zuwendung erfahren und eine sichere Bindung aufbauen können.
Entwicklungsgerechte Anforderungen sind die Voraussetzung dafür, dass die Heranwachsenden lernen, auf ihre eigenen Ressourcen zu vertrauen und diese auch – wenn notwendig – einzusetzen.

Abb. 1: Die Komponenten des Kohärenzgefühls

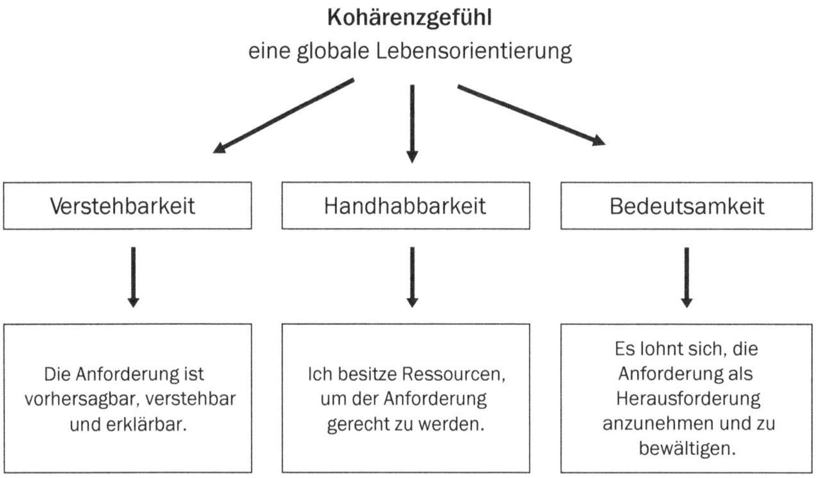

Schließlich ist Partizipation wichtig, um die Komponente Bedeutsamkeit entwickeln zu können. Wenn Kinder in Entscheidungen einbezogen werden, erfahren sie Aufmerksamkeit und Akzeptanz, ihre Meinung wird geachtet und anerkannt, sie erleben Selbstwirksamkeit und gewinnen die Überzeugung, dass die Bewältigung von Anforderungen Sinn macht und dass ihr Dasein bedeutsam ist.

Abb. 2: Voraussetzungen für die Entstehung des Kohärenzgefühls in der Kindheit

Konsistente Erfahrungen → Verstehbarkeit
Emotionale Zuwendung, Bindung, Sicherheit

Belastungsbalance → Handhabbarkeit
Entwicklungsgerechte Forderungen und Förderung, Entscheidungsfreiheit gewähren, Zeit und Raum zum Erproben geben

Partizipation → Bedeutsamkeit
Akzeptanz, Achtung, Respekt

Für die Herausbildung dieser Lebensorientierung, die sich hinter dem Begriff „Kohärenzsinn" verbirgt, ist die Familie der sicherste und geeignetste Lebensraum. Aber auch die Schule, die Kita und andere Erziehungsinstanzen können die Herausbildung von Gesundheitsfakten unterstützen, und sie können das gezielt und systematisch tun (vgl. Krause/Lorenz 2009).

3 Zur Arbeit mit den Modulen

3.1 Zielstellung

Die hier vorgeschlagenen Inhalte sind als Anregungen zu verstehen. Die Arbeit mit den Modulen ermöglicht die Realisierung der folgenden Ziele:

- Personale Gesundheitsfaktoren – insbesondere das Selbstwertgefühl und das Zugehörigkeitsgefühl der Kinder – werden erhalten und gefördert.
- Die Entwicklung des Selbstwertgefühls wird durch die Förderung der Fähigkeiten zur Selbstwahrnehmung und Selbstreflexion und die Herausbildung des Vertrauens in die eigenen Stärken und Ressourcen unterstützt.
- Die Entwicklung des Zugehörigkeitsgefühls wird durch die Förderung der Fähigkeiten zur Kommunikation in der Gruppe, durch das Erfahren und Üben von Empathie sowie die gegenseitige Akzeptanz der Kinder unterstützt.
- Die Kinder erwerben Konfliktlösefähigkeiten und Stressbewältigungsstrategien, um Belastungen besser bewältigen zu können. Es werden Voraussetzungen geschaffen, damit sie zukünftige Anforderungen eher als Herausforderung denn als Stress erleben können.
- Die Kinder erleben sich als aktiv teilnehmende, akzeptierte und mitgestaltende Persönlichkeit. Das fördert die Entwicklung vom Gefühl der Bedeutsamkeit eigenen Handelns und fördert das Kohärenzgefühl.

3.2 Inhalt

Jedes der *acht Module* besteht aus zwei bis sechs Gesundheitstagen. Jeder Tag kann von der Erzieherin auf ihre Gruppe abgestimmt geplant werden; in der Regel nimmt er ein bis zwei Stunden in Anspruch. Es liegt im Ermessen jeder Erzieherin, auf der Basis ihrer Kenntnisse über den Entwicklungsstand der Kinder und „der Beobachtung konkreter Situationen zum richtigen Zeitpunkt die richtigen Angebote für einzelne Kinder oder die [....] Kindergruppe" auszuwählen (Orientierungsplan für Bildung und Erziehung, Niedersachsen 2005, S. 33).

Die Module bauen inhaltlich aufeinander auf. Immer wiederkehrende Elemente (Rituale) ermöglichen den Kindern die Wiedererkennung und schaffen eine Atmosphäre von Sicherheit und das Gefühl des Dazugehörens.

Modul 1: Körpererfahrung und Entspannung

Ziele: Einführung in das Programm; Kennenlernen der Rituale; Erproben erster Entspannungsübungen; Bewunderung des menschlichen Körpers; Erkennen der Einmaligkeit jedes einzelnen Kindes.

Motto: „Mein Körper ist mein Haus und darin fühle ich mich wohl."

- Tag 1: Unser „Ich-bin-ich-Tag" (Einführung)
- Tag 2: Ich entspanne mich.
- Tag 3: Meine Hände und meine Füße
- Tag 4: Das bin ich.

Modul 2: Bewegung

Ziele: Erleben des Wertes von Bewegung für das Wohlbefinden; Erfahren der Wirkung von Berührung am eigenen Körper; Ausprobieren verschiedener Bewegungsformen und Rhythmen; Spüren der Körperreaktion beim Tanzen.

Motto: „Ich bin fit und stark."

- Tag 1: Die Reise nach Afrika
- Tag 2: Die Reise zum Nordpol
- Tag 3: Bei Oskar zu Hause
- Tag 4: Die Reise mit dem Heißluftballon

Modul 3: Kommunikation

Ziele: Erlernen und Üben des aktiven Zuhörens; Entwicklung von Kommunikationsfähigkeiten.

Motto: „Wir sprechen und spielen gern miteinander."

- Tag 1: Ich höre dir zu.
- Tag 2: Ich vertraue dir.

Modul 4: Krank und gesund

Ziele: Das Zusammenspiel von Gesundheit und Krankheit erkennen, Reflektieren über die eigenen Erfahrungen mit Kranksein und Gesundwerden sowie Gesundbleiben. Üben von gesundheitsschützendem Verhalten (in Bezug zu aktuellen Situationen).

Motto: „Ich achte auf meine Gesundheit."

- Tag 1: Mir geht's nicht gut.
- Tag 2: So geht's mir wieder besser.

Modul 5: Selbstreflexion

Ziele: Erkennen und Nutzen der eigenen Stärken; Wahrnehmen der Einzigartigkeit jedes Kindes; Reflektieren über die eigene Familie und Auseinandersetzen mit der Vielfalt von Familienformen und Familienkulturen.

Motto: „Ich bin Ich. So wie ich bin, bin ich okay."

- Tag 1: So bin ich.
- Tag 2: So bin ich, so bist du.
- Tag 3: Ich und meine Familie (Teil I)
- Tag 4: Ich und meine Familie (Teil II)

Modul 6: Gefühle

Ziele: Wahrnehmen eigener Gefühle; Erkennen und Respektieren der Gefühle anderer Kinder; Erleben unterschiedlicher Gefühle und Reflektieren über deren Bedeutung; Herausarbeiten der Akzeptanz aller Gefühle.

Motto: „Ich erkenne und achte meine und deine Gefühle."

- Tag 1: Ich bin glücklich.
- Tag 2: Ich bin traurig.
- Tag 3: Ich bin wieder glücklich.
- Tag 4: Die Welt der Gefühle
- Tag 5: Manchmal habe ich Angst.
- Tag 6: Alle meine Gefühle sind wichtig, aber nicht alle sind schön.

Modul 7: Konflikte und Konfliktlösung

Ziele: Erproben von unterschiedlichen Konfliktlösungen; Äußern von Gefühlen bei Konflikten; Erkennen der Folgen von Gewalt und das Üben von gewaltfreien Lösungen.

Motto: „Jeder ist anders. Ich akzeptiere dich so, wie du bist."

- Tag 1: Lass mich spielen!
- Tag 2: Ich kann das besser.
- Tag 3: Sei nicht so gemein!
- Tag 4: Tu mir nicht weh!

Modul 8: Ernährung

Ziele: Entwicklung von Bewusstsein über das eigene Essverhalten; Austausch über Essgewohnheiten; Erarbeiten des Zusammenhangs von Essverhalten und Wohlbefinden; Erleben von Freude am gemeinsamen Essen.

Motto: „Gemeinsam essen macht Spaß."

- Tag 1: Was ich gerne esse
- Tag 2: Wir essen und feiern gemeinsam. (Abschlussfest)

3.3 Organisation und Durchführung

Die Module sind sowohl im Hinblick auf den Inhalt aber auch auf die Struktur vor allem für Kinder zwischen fünf und sieben Jahren konzipiert. Es ist anzuraten, das Projekt in einer Kleingruppe von sechs bis acht Kindern durchzuführen. Je weniger Kinder teilnehmen, desto intensiver werden die Gespräche mit den Kindern und der Kinder untereinander. Jedes Kind kann in seiner Persönlichkeit ein Mehr oder Weniger an Wertschätzung erfahren, und auch Kinder mit Beeinträchtigungen können aktiv teilnehmen.

Die Ablaufpläne für die einzelnen Gesundheitstage und das vorbereitete Material wie Arbeitsblätter, Kopiervorlagen und Abbildungen ermöglichen jeder Erzieherin den sofortigen Start. Eine zusätzliche Qualifizierung ist nicht nötig.[1]

Die Vorschläge für die einzelnen Gesundheitstage sind als Anregungen zu verstehen und können jederzeit nach eigenen Ideen und Vorstellungen modifiziert werden. Der Ablaufplan für einen Tag sowie die inhaltlichen Ausführungen zu den verschiedenen Themen werden dem Interesse und der Arbeitsweise der jeweiligen Gruppe angepasst.

Es empfiehlt sich, die „Ich-bin-ich-Tage" mindestens einmal in der Woche durchzuführen, sodass sie für die Kinder ein fester Bestandteil ihres Kindergartenalltags werden. Anzuraten ist, die acht Module innerhalb eines Jahres durchzuführen. Fällt der „Ich-bin-ich-Tag" immer auf den gleichen Wochentag, bedeutet das für die Kinder Sicherheit und Verlässlichkeit, und sie können sich immer wieder auf diesen festen Termin freuen.

Vor- und Nachbereitungszeit

Um jeden Tag inhaltlich vorzubereiten (Auswahl der Anregungen abgestimmt auf die Kindergruppe, Material zusammenstellen, Raum vorbereiten), sollte genügend Zeit eingeplant werden. Besonders in der Anfangsphase wird die Vorbereitung jeder einzelnen „Ich-bin-ich-Stunde" etwas mehr Zeit in Anspruch nehmen. Bewährt hat sich ein fester Platz mit allen Materialien, die griffbereit aufbewahrt werden (Stifte, Anspitzer, ausreichend Kopiervorlagen, Maskottchen). Nach jeder Stunde braucht es ebenfalls etwas Zeit, um alle Materialien wieder aufzuräumen. Hier können die Kinder in diese Aufgabe eingebunden werden. Die Maskottchen Oskar (Elefant) und Lilly (Eisbärin) sollten einen gemütlichen Schlafplatz erhalten.

Alle Themen und ihre Umsetzung an den „Ich-bin-ich-Tagen" folgen dem **Prinzip der Selbsttätigkeit.** Selbst tun und erfolgreich sein – das ist der Garant für positive Gefühle und stärkt das Selbstwertgefühl. Jeder Gesundheitstag bietet den Kindern Möglichkeiten, als Gruppe tätig zu werden. In der Gemeinschaft Neues erleben und erproben, das fördert die Kommunikationsfähigkeit und stärkt das Zugehörigkeitsgefühl. Aus diesem Grunde sollte reflektierenden Gesprächen, in denen sich die Kinder untereinander über ihre, Gefühle, Gedanken und Erlebnisse austauschen, besondere Aufmerksamkeit geschenkt werden.

Mithilfe von Rollenspielen können sich die Kinder in eine Situation oder in andere Personen hineinversetzen. Wenn die Kinder selbst und in der Gemeinschaft etwas schaffen, dann entstehen positive Gefühle, und das Vertrauen in die eigenen Möglichkeiten wird gestärkt. Das Erleben, dass die eigene Leistung anerkannt wird und zum Gelingen des Vorhabens der Gruppe beiträgt, schafft eine optimistische, wertschätzende und gesundheitsfördernde Atmosphäre.

Rituale sorgen für Sicherheit und Verlässlichkeit. Von Anfang an werden die „Ich-bin-ich-Tage" von Ritualen getragen. Diese sollten auch bei möglichen Veränderungen des Ablaufes erhalten bleiben. Dazu gehören:

Die Projektmaskottchen – Die Tage werden von den beiden Projektmaskottchen, einem Elefanten und einer Eisbärin, begleitet. Sie können sich gemeinsam mit den Kindern zwei Namen für die Tiere überlegen (hier im Buch heißen sie Lilly und Oskar), ihr Bild sollte im Raum aufgehängt werden. Empfehlenswert ist es außerdem, dass die Kindertageseinrichtung ähnlich aussehende Plüschtiere (bzw. Handpuppen) anschafft, damit die Maskottchen für die Kinder greifbar werden.

Das Projektlied – Das von uns vorgeschlagene Lied werden die Kinder schon sehr bald gelernt haben und mitsingen können. Das Lied wird zumeist am Anfang der „Ich-bin-ich-Stunde" ge-

---

1 Zur Vorbereitung können Sie in Ihrem Team das Buch „Gesundheitsressourcen erkennen und fördern. Training für pädagogische Fachkräfte" (Krause/Mayer 2012) nutzen. Wenden Sie sich bitte an die Autorinnen, falls Sie eine Einführung in die Arbeit mit den Inhalten wünschen.

sungen, kann aber auch in anderen Phasen genutzt werden. Sie können gern auch ein anderes Lied wählen, in dem es um das „Ich" der Kinder geht.

Die Entspannung – Mit einer Bewegungsübung beginnt die Entspannung. Die Kinder springen mit beiden Füßen fest auf den Boden und rufen bei jedem Aufkommen ein Wort des Satzes: „ICH – BIN – ICH". Sie können auch ihren Namen in Silben springen und rufen. Mit dieser Übung verinnerlichen die Kinder das Motto „Ich bin ich". Die Bewegung ist der Einstieg in die Entspannungsphase und macht den Unterschied von An- und Entspannung erlebbar. Die Kinder lernen unterschiedliche Entspannungsverfahren kennen: Massagen, Fantasiereisen, progressive Muskelentspannung und Yoga. Sie werden Schritt für Schritt an diese Übungen herangeführt. Nur, wenn die Erzieherin selbst entspannt ist und sich die Zeit und Ruhe nehmen kann, die Kinder mit Geduld und der nötigen Sensibilität bei den Übungen zu begleiten, kann das angestrebte Ziel erreicht werden: die Kinder zu Ruhe und Entspannung zu führen, sie zu ermuntern, ihren eigenen Atem, ihren Herzschlag, ihren Körper zu spüren, sich auf sich selbst zu konzentrieren und die anderen Kinder nicht zu stören.

Das Blitzlicht – Am Ende jedes „Ich-bin-ich-Tages" spricht die Gruppe beim „Blitzlicht" darüber, was ihnen an diesem Tag gefallen hat und was nicht so schön war.

Das kleine Tschüss – Der Tag endet mit dem Abschiedsritual „Das kleine Tschüss" (vgl. Krause u. a. 2000, S. 13). Dazu stellen sich die Kinder im Kreis auf und fassen sich an den Händen. Ein Kind schickt per Handdruck „das kleine Tschüss" auf die Reise, der Nachbar gibt es weiter, und so geht das Tschüss durch alle Hände, bis es wieder beim ersten Kind angekommen ist. Dieses ruft dann „Tschüss" und beendet damit den „Ich-bin-ich-Tag". Dieses Ritual ermöglicht es, dass alle Kinder am Ende noch einmal zusammenkommen und sich voneinander verabschieden.

Die „Ich-bin-ich-Mappe" – Jedes Kind erhält am ersten „Ich-bin-ich-Tag" eine Gesundheitsmappe, die sogenannte „Ich-bin-ich-Mappe", in der später die angefertigten Materialien und Arbeitsblätter gesammelt werden. Geeignet sind einfache DIN A4-Mappen, die die Erzieherin für alle Kinder besorgt. Damit wird gewährleistet, dass die Gesundheitsmappe für alle Kinder gleich beschaffen ist. Sie kann dann am ersten Gesundheitstag mit dem Namen des jeweiligen Kindes und dem Logo von Oskar und Lilly bemalt oder beklebt werden. Alle Materialen werden im Laufe der folgenden Gesundheitstage in der Mappe gesammelt. Die Kinder sollten nach Möglichkeit an jedem Gesundheitstag eine kleine Erinnerung (z. B. gemaltes Bild, thematisch ausgewählte Kopie) von der Erzieherin erhalten. So werden die eigenen Ergebnisse für die Kinder sichtbar, und sie können ihren Eltern zeigen und berichten, was sie an diesem besonderen Tag erlebt und gemacht haben.

3.4 Zusammenarbeit mit den Eltern

Im Sinne einer qualitativ hochwertigen Erziehungspartnerschaft kann die Umsetzung einer Selbstwert stärkenden und gesundheitsförderlichen Erziehung nur unter Einbeziehung der Eltern von dauerhaftem Erfolg sein. Es gibt viele Möglichkeiten, mit Eltern in einen Austausch über die „Ich-bin-Ich-Tage" zu kommen: über Aushänge im Kindergarten, durch Elternbriefe oder Informationen an Elternabenden. Besonders im persönlichen Gespräch, eventuell auch gemeinsam mit dem Kind über die Gesundheitsmappe, können wertvolle, aufschlussreiche und individuelle Informationen ausgetauscht werden. Durch das Festhalten der Zielsetzung einzelner Gesundheitstage in der Gesundheitsmappe können die Eltern den Nutzen dieser pädagogischen Arbeit besser nachvollziehen.

Jedes wohlwollende Gespräch zwischen pädagogischer Fachkraft und Eltern wirkt sich positiv auf die Beziehung und damit auf die Erziehungspartnerschaft aus und trägt so zum Wohlbefinden des Kindes in der Kindertagesstätte bei.

Eine weitere gute Möglichkeit zur Partizipation besteht in einem Elternkurs, in dem die Themen, die die Kinder beschäftigen, aufgegriffen werden und die Eltern zur Reflexion des eigenen Erziehungsverhaltens anregen können. Mögliche Themen sind:

- Was ich über mein Selbstwertgefühl und das meines Kindes weiß
- Wie ich das Selbstwertgefühl meines Kindes stärken kann
- Wie ich mit meinem Kind kommuniziere
- Welche Konflikte bestehen und wie wir sie lösen können
- Wenn Kinder sich streiten
- Mobbing unter Kindern
- Wie wir Stress reduzieren können
- Wie Bewegung Spaß machen kann

Die Auseinandersetzung mit den Inhalten erfolgt vorwiegend im Erfahrungsaustausch und durch Übungen. Dabei knüpft die Erzieherin an den Erfahrungen der Eltern an und bringt ihnen das, was ihre Kinder an den „Ich-bin-Ich-Tagen“ erleben und lernen, nahe. Wir empfehlen hierzu das Handbuch „Ohne Eltern geht es nicht“ (vgl. Krause 2012). Es enthält die theoretischen Grundlagen zu den einzelnen Themen, vielfältiges Übungsmaterial, Zusammenfassungen und Arbeitsblätter zur Durchführung solcher Elternkurse.

Modul 1: Körpererfahrung und Entspannung

„Mein Körper ist mein Haus
und darin fühle ich mich wohl.“

1. Tag: Unser „Ich-bin-ich-Tag“ (Einführung)
2. Tag: Ich entspanne mich.
3. Tag: Meine Hände und meine Füße
4. Tag: Das bin ich.

Das Ziel dieses ersten Moduls ist es, den Kindern die Schönheit des menschlichen Körpers bewusst zu machen und ihnen die Erfahrung zu ermöglichen, dass jeder Mensch anders – also etwas Besonderes – ist.

Das Wahrnehmen und Erkunden der eigenen Person beginnt mit dem Körper, der für Kinder zwar etwas Selbstverständliches, aber häufig auch ein wenig fremd ist. Sie können die Sprache ihres Körpers noch nicht verstehen: sein „Rufen“ nach Bewegung und frischer Luft, seine Signale wie Kopfschmerzen, Erschöpfung oder Müdigkeit. Kopf- und Bauchschmerzen, Rückenschmerzen und Schlafprobleme, unter denen circa ein Drittel aller Kinder regelmäßig leidet (RKI 2018), sind Indikatoren für nicht bewältigten Stress. Aus der Resilienzforschung ist bekannt, dass Kinder, die früh Schutzfaktoren entwickeln konnten, mit den Herausforderungen des Alltags produktiv umgehen können. Es ist notwendig, dass Kinder schon im Vorschulalter lernen, die eigenen Körpersignale wahrzunehmen und zu verstehen.

Der **erste „Ich-bin-ich-Tag“** verlangt eine gute Vorbereitung, damit sich die Kinder für das Projekt begeistern können. Sie lernen die Projektmaskottchen kennen. Es wäre gut, wenn die beiden Tiere – ein Elefant und eine Eisbärin – auch zum Anfassen, z.B. als Plüschtiere oder Handpuppen, vorhanden sind. Sie werden die Kinder zukünftig an jedem „Ich-bin-ich-Tag“ begleiten. Außerdem werden die Kinder mit den Anfangs- und Abschlussritualen sowie dem Projektlied vertraut gemacht.

Entspannungsübungen gehören zu den Ritualen der „Ich-bin-ich-Tage“. Sie helfen bei der Stressbewältigung und dem Abbau negativer Spannungen, stärken aber auch die Konzentrationsfähigkeit und die Fähigkeit, den eigenen Körper wahrzunehmen. Die Kinder lernen, Schritt für Schritt den Unterschied von Anspannung und Entspannung zu erleben sowie die Ruhe und selbst erzeugte Lockerheit des Körpers zu genießen.

Bereits am **zweiten „Ich-bin-ich-Tag“** erfahren die Kinder etwas über den Sinn und die Notwendigkeit von Entspannung, es werden Regeln für diesen immer wiederkehrenden Teil der Gesundheitstage erarbeitet, das Stilleschild wird eingeführt und die erste Übung zur Entspannung erprobt.

Am **dritten und vierten „Ich-bin-ich-Tag“** lernen die Kinder ihren Körper kennen – zunächst seine Konturen, indem jeweils zwei Kinder gegenseitig ihren Körperumriss malen. Sie suchen sich selbst einen Partner oder eine Partnerin für diese Übung aus, weil es manchen Kindern unangenehm ist, sich berühren zu lassen. Es ist eine Körpererfahrung, aber auch eine Überraschung, wenn sie anschließend die Unterschiedlichkeit ihrer Körper betrachten können. Wenn die Kinder am vierten Tag mit diesem Körperumriss arbeiten, lernen sie etwas über die Gelenke und deren Bedeutung für die Bewegung. Sie malen ihr eigenes Gesicht und können es dann auf das Körperbild aufkleben.

Wichtig: Die für den jeweiligen Gesundheitstag vorgeschlagenen Abläufe sind als Anregung zu verstehen. Die Auswahl der Elemente und die zeitliche Aufteilung sollte für die jeweilige Kindergruppe pädagogisch anschlussfähig sein.

1. Tag: Unser „Ich-bin-ich-Tag“

Lernziele

Die Kinder lernen das Projekt, die Projektmaskottchen, das Anfangs- und Abschlussritual und das Projektlied kennen. So wird Neugierde auf die „Ich-bin-ich-Tage“ geweckt. Die „Ich-bin-ich-Mappe“ (Gesundheitsmappe) wird individuell gestaltet.

Verlauf	Methodisch-didaktische Hinweise	Material
Einführung Vorstellen der Gruppe, Begrüßung und Einführung durch die Projektmaskottchen, die die Kinder zukünftig an jedem „Ich-bin-ich-Tag“ begleiten und bei der Begrüßung und beim Blitzlicht dabei sind. Evtl. gemeinsames Suchen nach Namen oder auch Vorschlag der Erzieherin (Lilly und Oskar).	Den Kindern wird erklärt, dass immer am ... (bestimmter Tag in der Woche) der „Ich-bin-ich-Tag“ in diesem Raum/dieser Gruppe stattfindet und Lilly und Oskar sie hier erwarten. Der „Ich-bin-ich-Tag“ bedeutet: Beschäftigung mit der Einzigartigkeit jedes Kindes, mit der Gruppe, dem Wohlbefinden und der Gesundheit. Falls Plüschtiere vorhanden sind, darf jedes Kind sie anfassen und begrüßen.	**Material 1.1** Logo (das Bild von Oskar und Lilly), evtl. auch Handpuppen oder Plüschtiere
Wir hören unser Lied Gemeinsames Hören und Singen des Projektliedes „Ich bin ich“. Das Lied wird an den folgenden Gesundheitstagen eingeübt und schon bald zum Ritual.	Die Gruppe spricht über den Inhalt des Liedes und stellt einen Bezug zum Projekt her. Alternativen zum Projektlied möglich.	**Material 1.2** „Ich-bin-ich-Lied“
Bewegungsübung „Ich bin Ich“ Die Kinder springen „ICH-BIN-ICH“. Ergänzend können sie auch ihren Namen in Silben springen.		**Material 1.3**
Wir lernen unser Logo kennen Vorstellung des Logos. Jedes Kind erhält eine Vorlage und malt sein eigenes Logo aus.	Das Logo kann individuell gestaltet werden.	**Material 1.4** Logo-Vorlage Buntstifte
Meine „Ich-bin-ich-Mappe“ Die Kinder erhalten ihre Gesundheitsmappe und gestalten sie, z. B. mit ihrem Namen und dem Logo.	Der Name kann von der Erzieherin vorbereitet werden, sodass er von den Kindern nur ausgemalt werden muss.	Mappe ausgemaltes Logo Klebstoff, Buntstifte
Blitzlicht Im Abschlusskreis sprechen die Kinder in der Gruppe darüber, wie ihnen der „Ich-bin-Ich-Tag“ gefallen hat.	Einführung in das Ritual „Blitzlicht“: Jedes Kind kommt zu Wort und sagt, was ihm/ihr an diesem Tag gefallen hat und was nicht so schön war. Das kann auch z. B. Oskar oder Lilly erzählt werden.	Oskar und Lilly
Abschiedsritual „Das kleine Tschüss“ Hiermit werden sich die Kinder in Zukunft immer vom „Ich-bin-ich-Tag“ verabschieden.	Einführung in das Abschlussritual: Die Kinder stehen im Kreis und fassen sich an den Händen. Ein Kind darf „Das kleine Tschüss“ auf die Reise schicken und gibt es mit Händedruck an das nächste Kind weiter. So reist „Das kleine Tschüss“ durch alle Hände und kommt wieder beim Absender an. Dieses Kind sagt dann laut „Tschüss“ und alle Kinder verabschieden sich mit „Tschüss“ vom „Ich-bin-ich-Tag“.	

Material 1.1

Begrüßung durch Oskar und Lilly

Erzieherin
Heute möchte ich euch unsere beiden Freunde vorstellen. Schaut mal, das ist ein großer grauer Elefant. Ich habe ihn Oskar genannt. Und das hier ist eine schneeweiße Eisbärin, ich habe sie Lilly genannt. Wisst ihr denn, wo die beiden herkommen?

Lilly
Hallo Kinder, schön, euch kennen zu lernen. Ich bin Lilly und meine Familie kommt aus der Arktis. Das ist am Nordpol.

Oskar
Hallo Kinder, ich freue mich auch, dass ihr alle da seid. Ich heiße Oskar und meine Familie kommt aus Kenia. Das ist ein Land in Afrika. Wir beide werden euch von nun an durch das Projekt begleiten.

Lilly
Wir werden jetzt immer die „Ich bin Ich-Tage“ mit euch gemeinsam erleben und versprechen euch, ganz viele tolle Sachen mit euch zusammen zu machen.

Oskar
Als Erstes haben wir ein ganz schönes Lied für euch mitgebracht. Das ist unser Projektlied, das wir immer am Anfang singen werden. Hört genau hin! Wir sind gespannt, wie schnell ihr mitsingen könnt.

Material 1.2

Das Ich-bin-ich-Lied

Ich bin ich, und du bist du.
Wir sind wir, und ihr seid ihr.

So wie ich bin, bin ich okay.
Ich bin froh, wenn ich mich seh'.
Du bist du und wirst es bleiben.
So wie du bist, kann ich dich leiden.

Lilly im Norden liebt das Eis.
Und Oskar im Süden liebt es heiß.
Jeder ist anders, das ist toll.
Wir spielen zusammen ganz wundervoll.

Ich bin ich, und du bist du.
Wir sind wir, und ihr seid ihr.

Die Augen sind grün, blau oder braun.
Die Haare gelockt oder glatt anzuschau'n.
Jeder ist anders, das soll so sein.
Was mir wichtig ist, entscheid' ich allein.
Ich bin ich, und du bist du.
Wir sind wir, und ihr seid ihr.

Text: Christina Krause
Melodie: Dieser Text lässt sich gut zur Melodie des Kinderliedes „Alle Vögel sind schon da“ singen.

Material 1.3

Bewegungsübung „Ich bin ich“

Die Kinder springen mit beiden Füßen fest auf den Boden. Dabei rufen sie bei jedem Sprung ein Wort des Satzes: „ICH–BIN–ICH“. Anschließend springen sie ihren NAMEN in Silben.

Diese Bewegungsübung ist ein weiteres Ritual, das den „Ich bin Ich“-Tag für die Kinder strukturiert und einen Bezug zum Projektlied darstellt. Durch das Wiederholen dieser Übung wird die Bedeutung der Worte verstärkt und verinnerlicht.

Diese Übung erleichtert den Kindern außerdem den Einstieg in die Entspannung. Um gut entspannen zu können, werden sie in dieser Übung zunächst aufgefordert, die Reaktionen ihres Körpers nach einer schnellen und starken Bewegung zu erspüren.

Oskar
Und hat euch das Lied gefallen?

Lilly
Mir hat es gefallen. Guckt mal, wir haben noch was für euch. Vielleicht gefällt euch das. Ich mache es jetzt mal vor: Also ich springe mit beiden Füßen ganz fest auf und rufe bei dem ersten Sprung ICH, beim zweiten BIN, und beim letzten Sprung wieder ICH.

Oskar
Also: ICH-BIN-ICH! Prima, das kann ich auch.

Lilly
Genau. Könnt ihr uns das nachmachen? Wenn ihr möchtet, könnt ihr auch noch euren Namen in Silben springen. Also: LIL-LY!

Oskar
Aha, OS-KAR! Au, das macht Spaß. Das machen wir jetzt mal zusammen.

Material 1.4

Ich bin ich!

Datum: Name:

2. Tag: Ich entspanne mich.

Lernziele

Die Kinder erfahren etwas über den Sinn und die Notwendigkeit der Entspannung. Es werden Regeln für Entspannungsübungen erarbeitet, das Stilleschild wird eingeführt und die erste Entspannungsübung erprobt. Durch das Malen des Körperumrisses spüren die Kinder die Grenzen ihres Körpers und stellen sich selbst dar.

Verlauf	Methodisch-didaktische Hinweise	Material
Einführung Begrüßung und Einführung in das Thema durch Oskar und Lilly, Hören, Singen und Einüben des Projektliedes		Logo Oskar und Lilly Lied
Bewegungsübung „Ich bin Ich“		**Material 1.3**
Entspannung mit Oskar und Lilly Oskar und Lilly führen in die Entspannung ein und zeigen den Kindern das Stilleschild, welches zukünftig als Ankündigung für jede Entspannungsübung verwendet wird.	Besonders die Körperhaltung kann gut mit den Plüschtieren vorgemacht und dann gemeinsam ausprobiert werden.	**Material 1.5** **Material 1.6**
Entspannungsübung „Atem spüren“ Den Kindern wird erklärt, wie und warum wir atmen. Danach wird die erste Entspannung mit den Kindern mehrmals geübt.	Zur Visualisierung des Atems nach Möglichkeit einen Spiegel benutzen. Die Kinder liegen dabei normalerweise auf dem Rücken. Das Wichtigste ist aber, dass sie bequem liegen.	**Material 1.7** Matte Klangschale o. ä. Spiegel
Das bin ich! Wir zeichnen unseren Körperumriss Ein Kind legt sich entspannt auf das Papier und ein anderes zeichnet den Körperumriss nach. Dann tauschen die Kinder die Rollen. Wichtig: Das Bild wird aufbewahrt, da es wieder benötigt wird.	Damit die Kinder sich wohlfühlen können, finden sich zwei Kinder freiwillig zusammen. Kein Kind darf gezwungen werden, sich von einem anderen Kind berühren zu lassen, wenn es das nicht möchte. Gegebenenfalls kann die Erzieherin das Zeichnen übernehmen.	Papier- oder Tapetenrolle Filzstifte, Klebstoff
Blitzlicht und Abschlusskreis		Siehe Modul 1, Tag 1

Material 1.5

Entspannung mit Oskar und Lilly

Oskar

Obwohl ich schon viele Kinder durch die „Ich-bin-Ich-Tage“ begleitet habe, bin ich heute sehr aufgeregt. So viele tolle neue Kinder habe ich heute hier um mich. Ich freue mich so auf euch und kann vor Aufregung schon gar nicht mehr stillsitzen.

Lilly

Oh, ja! Ich sehe, dass du aufgeregt bist. Schau mal, ich habe etwas ganz Tolles mitgebracht. (wendet sich an die Kinder). Das wird Oskar beruhigen, und wir probieren das mal gemeinsam. Wir machen zusammen eine Entspannungsübung. (Lilly erklärt das Stilleschild und die Körperhaltung.)

Material 1.6

Material 1.7

Entspannungsübung „Atem spüren“

Die Erzieherin führt die Kinder durch die Entspannungsübung. Bei dieser ersten kleinen Übung kann sie das mithilfe von Lilly tun. Zunächst wird die ganze Gruppe angesprochen: Die Kinder werden ermuntert, sich auf die Matten oder Decken zu legen und eine bequeme Haltung einzunehmen. Die Kinder können zum Beispiel gebeten werden, sich so hinzulegen, wie sie es gewöhnlich beim Einschlafen tun. Wenn dann die Übung beginnt, wechselt die Erzieherin in die persönliche Ansprache und benutzt das Wort „du“, um jedes Kind direkt zu erreichen.

Erzieherin (mit Lilly)
Du liegst jetzt ganz bequem. Gleich wird ein Ton erklingen, und wenn du ihn nur noch ganz leise hörst, beginnst du deine Augen zu schließen. Du kannst sie auch offenlassen und dir einen Punkt an der Decke suchen (Klangschale o. ä. anschlagen).

Nun lege beide Hände auf den Bauch – rechts und links neben den Bauchnabel. Hole tief Luft und fühle, wie dein Atem im Bauch ankommt und wie sich dein Bauch hebt (…) und nun atme wieder aus und spüre, wie sich dein Bauch wieder senkt (…) Lege nun die Hände auf die Brust. Spüre wieder mit deinen Händen, wie die Luft in deinen Körper ein- und wieder ausströmt (…) Zum Abschluss legst du deine Hände wieder auf den Bauch und atmest dorthin, wo die Hände liegen.

Hinweis: Die Auslassungszeichen (…) bedeuten, dass eine angemessene Pause gemacht wird, damit die Kinder z. B. Zeit haben, die ein- und ausströmende Luft zu spüren.

3. Tag: Meine Hände und meine Füße

Lernziele

Die Kinder üben wieder das Entspannen, um sich langsam an dieses Ritual zu gewöhnen. Sie erfahren mehr über ihren Körper – an diesem Tag vor allem über ihre Hände und Füße.

Verlauf	Methodisch-didaktische Hinweise	Material
Einführung Begrüßung und Einführung in das Thema durch Oskar und Lilly; Hören und Singen des Projektliedes		Logo Oskar und Lilly Lied
Bewegungsübung „Ich bin Ich"		**Material 1.3**
Entspannungsübung „Stille hören" Die Kinder werden ermuntert, noch einmal das Entspannen zu üben.	Fortschritte der Kinder hervorheben.	**Material 1.8** Matte Stilleschild Klangschale
Oskars und Lillys Spuren Die Geschichte von Oskar und Lilly wird erzählt, und die Kinder erraten die Fußspuren.	Bild der Fußspuren verwenden.	**Material 1.9** (Text und Bild)
Das bin Ich! Meine Hände und Füße Mit Fingerfarbe bemalen die Kinder ihre Hände und Füße und machen einen Abdruck davon in ihr Körperbild. Ein Blatt mit Hand- und Fußabdruck kann in der Mappe aufbewahrt werden.	Vor dem Bemalen können die Kinder ihre Hände und Füße anschauen und vergleichen. Zwei Kinder legen z. B. ihre Hände aneinander oder stellen ihre Füße nebeneinander.	Fingerfarben Körperumriss von Modul 1, Tag 2 DIN-A4-Blatt „Ich-bin-ich-Mappe"
Blitzlicht und Abschlusskreis		Siehe Modul 1, Tag 1

Material 1.8

Entspannungsübung „Stille hören"

Die Kinder werden an die Entspannungsübung vom letzten „Ich-bin-ich-Tag" erinnert und die Erzieherin teilt ihnen mit, dass sie heute alle zusammen wieder eine kleine Übung machen werden. Die Kinder werden ermuntert, sich auf die Matten zu legen und eine bequeme Haltung einzunehmen. Die Matten können schon vorher bereitgelegt werden, oder die Kinder legen sie vor der Übung gemeinsam aus.

Erzieherin
Bei dieser Übung musst du ganz genau hinhören. Schließe bitte die Augen, und ich schlage den Gong an (kurz demonstrieren, den Ton dann wieder dämpfen). Du hörst mit geschlossenen Augen gut hin. Wie lange kannst du den Ton hören? Wenn du den Ton nicht mehr hören kannst, ist es ganz still. Oder doch nicht? Höre genau hin, welche Geräusche du noch hören kannst. Hörst du etwas, was von draußen kommt? Hörst du etwas in diesem Raum? Oder hörst du deinen eigenen Atem rascheln oder dein Herz schlagen? Du staunst bestimmt, was alles noch zu hören ist, obwohl alle Kinder ganz still liegen.

Und jetzt schlage ich noch einmal den Ton an. Wenn er verklungen ist, öffnest du wieder die Augen und erzählst uns, was du alles gehört hast.

Material 1.9

Lillys und Oskars Fußspuren

Erzieherin
Letzte Woche habt ihr ja schon Oskar, den Elefanten, und Lilly, die Eisbärin, kennen gelernt. Gestern sind die beiden spazieren gegangen. Und da hat es plötzlich angefangen zu regnen. Lilly und Oskar sind ganz nass geworden. Oskar: „Du, Lilly, wir gehen aber noch nicht nach Hause. Wollen wir im Regen spielen?" „Au ja!" ruft Lilly. „Wir können ja im Matsch spielen! Der Sand im Sandkasten ist auch ganz nass geworden."

Die beiden laufen mit den Füßen im Matsch herum. Das macht richtig Spaß. „Guck mal", sagt Lilly, „wir können Fußabdrücke im Matsch machen. Deine Abdrücke sehen ganz anders aus als meine."

Frage an die Kinder
Welcher Abdruck ist von Oskar und welcher von Lilly ist? (Bild der Fußspuren zeigen)

Material 1.9

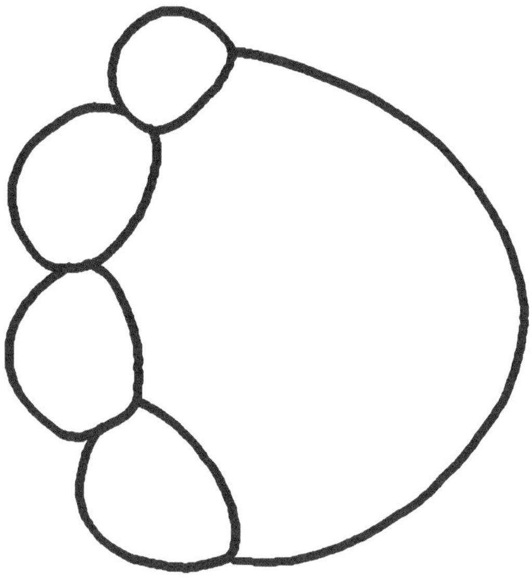

4. Tag: Das bin ich.

Lernziele

Die Kinder erfahren etwas über Bewegung und Gelenke. Sie bewundern die Schönheit des menschlichen Körpers. Nach der Entspannungsübung tauschen sie sich über ihre Gefühle aus.

Verlauf	Methodisch-didaktische Hinweise	Material
Einführung Begrüßung und Einführung in das Thema durch Oskar und Lilly, Singen des Projektliedes		Logo Oskar und Lilly Lied
Bewegungsübung „Ich bin Ich“		**Material 1.3**
Entspannungsübung „Den Kopf spüren“ Nach der Übung können die Kinder erzählen, was sie gespürt haben und wie es ihnen ergangen ist.	Mit der Entspannung beginnen, wenn die Kinder zur Ruhe gekommen sind. Die körperlichen Funktionen pendeln sich mithilfe der Musik auf ihren individuellen Ruhe-Rhythmus ein.	**Material 1.10** Matte Stilleschild „Traumland“ (s. Anhang)
Das bin Ich! Ich male mein Gesicht Die Kinder malen ihr eigenes Gesicht. Das Bild wird dann auf das Körperbild aufgeklebt, sodass jedes Kind sein eigenes Körperbild vervollständigen kann.	Wenn möglich, sollten sich die Kinder vorher im Spiegel betrachten.	Blatt DIN A4 Farbstifte „Ich-bin-ich-Mappe“ Spiegel
Das bin ich! Was mein Körper alles kann Anhand verschiedener Bewegungen erspüren die Kinder ihren Körper und/oder finden gemeinsam in der Gruppe die Beweglichkeit heraus.	Oskar und Lilly zeigen den Kindern, wie beweglich ihre Körper sind. Alternativ kann auch das „Flummilied“ von Detlev Jöcker genutzt werden.	**Material 1.11** „Flummilied“ (s. Anhang)
Blitzlicht und Abschlusskreis		Siehe Modul 1, Tag 1

Material 1.10

Entspannungsübung „Den Kopf spüren“

Die Kinder werden an die Entspannungsübung vom letzten „Ich-bin-ich-Tag“ erinnert und ermuntert, sich auf die Matten zu legen und eine bequeme Haltung einzunehmen.

Erzieherin

Leg dich jetzt hin und mache es dir so bequem und angenehm wie möglich. Atme noch einmal tief durch. Ich schlage jetzt den Gong an, wenn der Ton verklungen ist, schließe deine Augen (Gong anschlagen).

Du atmest durch die Nase ein, und dein Bauch hebt sich. Du atmest aus deinem Mund aus, und dein Bauch senkt sich wieder – ganz gleichmäßig ein und aus (Musik einblenden). Atme ein und aus, ein und aus.

Dein Körper ist etwas ganz Wunderbares. Er tut so viel für dich. Sogar wenn du schläfst, sorgt er dafür, dass du atmest und dass dein Herz schlägt.

Jetzt machen wir ein paar kleine Übungen. Du kannst deine Augen dabei öffnen. Nimm jetzt deine Hände hoch und klopfe mit den Fingerspitzen ganz zart auf deinen Kopf. Überall auf dein Haar. Jetzt streiche mit den Fingerspitzen sanft über dein Haar und versuche dein Haar zu spüren. Hast du lockiges oder glattes Haar? Bemerke mit deinen Fingerspitzen, wo dein Haar aufhört und deine Haut anfängt. Jetzt klopfe mit deinen Fingerspitzen sanft auf deine Stirn. Spüre mit deinen beiden Zeigefingern deine Augenbrauen. Streiche vorsichtig über deine Augenbrauen. Wie fühlen sie sich an? Nun fühle vorsichtig die weiche Haut deiner Augenlider. Nun taste deine Nase mit deinen Fingerspitzen ab. Wo fühlt sie sich hart an und wo weich? Jetzt spüre mit den Fingerspitzen deine Lippen. Ist dein Mund gerade geöffnet oder geschlossen?

Das hast du wunderbar gemacht. Und jetzt setze dich so hin, dass du einem anderen Kind gegenübersitzt. Zeige dem anderen Kind, was du alles in deinem Gesicht bewegen kannst. Vielleicht runzle mal die Stirn, ziehe deine Mundwinkel ganz nach oben. Wackele mit deiner Nasenspitze. Wie weit kannst du deine Zunge herausstrecken? Kannst du auch mit den Ohren wackeln?

Zum Abschluss stelle dich hin und strecke deine Arme und Beine, damit du wieder munter wirst.

Material 1.11

Was mein Körper alles kann!

Oskar

Ich bin Oskar, der Elefant, ich bin außer Rand und Band. Seht wie ich meinen Rüssel schwingen kann! Nach rechts und nach links, nach oben und nach unten. Kommt, macht alle mit! Jetzt ist Lilly dran!

Lilly

Ich bin Lilly und bin ganz weiß, ich komme aus dem Norden, aus dem Eis. Seht, wie ich meinen Kopf bewegen kann! Nach rechts und nach links, nach oben und nach unten. Kommt, macht alle mit!

Oskar und Lilly

Nun Kinder, was könnt *ihr* mit euren Armen und Beinen machen? Ihr könnt euch groß machen und die Arme nach oben strecken. Ihr könnt euch klein machen und die Beine einknicken. Geht in die Hocke, steht wieder auf, wackelt mit den Armen und Beinen. Nach rechts und nach links, nach oben und nach unten. Kommt, macht alle mit!

Modul 2: Bewegung

„Ich bin fit und stark“

1. Tag: Die Reise nach Afrika
2. Tag: Die Reise zum Nordpol
3. Tag: Bei Oskar zu Hause
4. Tag: Die Reise mit dem Heißluftballon

Bei diesem Modul dreht sich alles um die Bewegung. Sie stellt die erste und elementarste Interaktions- und Ausdrucksform der Kinder dar. Ihr Bewegungsbedürfnis einzuschränken, ist ein unverzeihlicher Fehler, weil Lernen und Bewegung nicht zu trennen sind. Für die gesamte Entwicklung des Kindes sind die eigenen Bewegungserfahrungen unersetzbar.

Gegenwärtig wird immer häufiger beklagt, dass bei Kindern die Lust an der Bewegung verkümmern würde und die Auswirkungen schon deutlich in verminderter Leistungsfähigkeit der Kinder, in Übergewicht und mangelnder Körperkoordination zu sehen seien. Neben den Veränderungen im Ernährungsverhalten (dazu mehr im Modul 8) fehlt es häufig an den Möglichkeiten, unmittelbare körperlich-sinnliche Erfahrungen zu machen: Das Zusammenleben in Großstädten hat den Verlust natürlicher und ausreichender Spiel- und Bewegungsräume für Kinder zur Folge. Die Zeit der Kinder wird von den Erwachsenen durch organisierte Aktivitäten verplant. Der Medienkonsum nimmt einen großen Raum im Leben der Kinder ein.

Während des Lockdowns in der Zeit der Corona-Pandemie 2020/2021 machte sich der Zusammenhang von Bewegungsdefiziten (kein Sport, kaum Freizeitaktivitäten, teilweise gesperrte Spielplätze) und gesundheitlichen Beeinträchtigungen besonders bemerkbar. Einige Medien nutzten die Sensibilität von Kindern für ihre Werbung (z. B. Internetspiele) aus, wodurch die Zeit, die Kinder neben dem Homeschooling mit Laptop oder Smartphone verbrachten, noch verlängert wurde.

Ängste, Zeit- und Leistungsdruck wirken sich immer unmittelbar auf das Leben der Familien aus, sie wurden unter den Pandemie-Bedingungen jedoch häufig als Alltagsstress erlebt. Kinder waren und sind diesen Stressoren unmittelbar ausgesetzt.

Tägliche Bewegung stärkt die körperlichen Kräfte, trainiert das Muskel- und das Herz-Kreislauf-System und wirkt als Puffer gegen Stress. Bewegung trägt im Sinne des salutogenetischen Gesundheitskonzeptes auch in hohem Maße dazu bei, die psychischen Ressourcen – etwa das Körpergefühl, das Selbstwertgefühl und das Zugehörigkeitsgefühl – auszubilden. Die Entwicklung des Selbst beginnt mit der Erkundung und Erfahrung des eigenen Körpers (vgl. Krause u. a. 2004).

Das Wohlbefinden lässt sich durch Bewegungserfahrungen in vielfältiger Weise besonders gut fördern: Durch scheinbar simple Bewegungsformen wie Springen, Balancieren, Hüpfen, Schwingen und Drehen mit Bällen, Luftballons, Decken, Reifen, Seilen an unterschiedlichen Orten – auf Wiesen, im Wasser oder im Haus – lernt das Kind sich und seine Welt kennen, Kommunikation und Beziehung zu Anderen aufzubauen, unter körperlichem Einsatz etwas zu schaffen, Gefühle zu spüren, zu erleben, auszudrücken und zu verarbeiten, an körperliche Grenzen zu stoßen, sich mit anderen zu messen und die Umwelt zu erkunden (vgl. Zimmer 2004).

Gemeinsam mit Lilly und Oskar gehen die Kinder auf Reisen und werden dabei zu **vielfältigen Bewegungsübungen** angeregt. Sie erleben, wozu ihr Körper fähig ist, und dass die Bewegung ihnen viel Spaß macht. Die Kinder setzen sich mit den Bewegungsabläufen verschiedener Sportarten auseinander, bewegen sich rhythmisch zur Musik, fühlen körperliche Entspannung und Anspannung und spüren unterschiedliche Reaktionen ihres Körpers auf Bewegungsaktivität.

1. Tag: Die Reise nach Afrika

Lernziele

Die Kinder erfahren, wie gut sie sich bewegen können. Sie probieren die unterschiedlichsten Bewegungen aus, auch Bewegungen verschiedener Tiere werden nachgeahmt. In Verbindung mit Musik kann das rhythmische Bewegen geübt werden. Der Höhepunkt der Stunde ist die Safari, bei der verschiedene Bewegungen kombiniert werden.

Verlauf	Methodisch-didaktische Hinweise	Material
Einführung Begrüßung und Einführung in das Thema durch Oskar und Lilly; Singen des Projektliedes		Logo Oskar und Lilly Lied
Bewegungsübung „Ich bin ich“		**Material 1.3**
Wie wir uns bewegen Warum können wir uns bewegen? Was brauchen wir dazu? Anschauen und Bewundern der Bewegungsfähigkeit des menschlichen Körpers. Der Begriff „Gelenk“ wird eingeführt.	Ein Kind macht eine einfache Bewegung vor (z. B. Kopfwackeln, Kniebeuge, Armschlenker). Alle Kinder machen diese Bewegung nach und tragen das entsprechende Gelenk in ihr Körperbild ein. Danach können verschiedene Bewegungen wie Hüpfen, Laufen, Hinlegen/Aufstehen, Liegestütz ausprobiert werden, um die Bewegungsvielfalt zu verdeutlichen.	Körperbild aus Modul 1 Stifte
Wie sich die Tiere bewegen Verschiedene Tierbilder liegen umgedreht auf dem Boden. Die Erzieherin gibt einen Rhythmus vor, nach dem sich die Kinder bewegen. Wenn der Ton endet, sucht sich jedes Kind ein Bild und stellt sich darauf. Dann dreht ein Kind sein Bild um und macht die Bewegung des betreffenden Tieres vor. Die anderen Kinder versuchen, das Tier zu erraten und machen dann alle mit. Danach beginnt die Übung wieder von vorne.	Die Kinder bewegen sich möglichst zu unterschiedlichen Rhythmen, die durch das Schlagen der Trommel oder mit Hilfe eines anderen Instruments erzeugt werden. Alternativ kann auch das „Tanzlied der Tiere“ von Detlev Jöcker genutzt werden.	**Material 2.1** Instrument (Trommel o. a.) Tanzlied der Tiere (siehe Anhang)
Auf Safari Die Geschichte über die Safari wird vorgelesen, die dazugehörigen Bewegungen werden vorgemacht und von den Kindern nachgeahmt.	Den Begriff „Safari“ klären. Die Safari regt die Fantasie der Kinder an.	**Material 2.2** Tierbilder
Entspannungsübung „Welches Tier ist das?“ Ein Kind denkt sich ein Tier aus und führt dessen Bewegung mit den Händen auf dem Rücken eines anderen Kindes aus. Dieses errät, um welches Tier es sich handelt.	Bei dieser Übung liegen die Kinder auf ihren Matten oder sitzen auf einem Stuhl bzw. Sitzpolster. Die Kinder wechseln, damit jedes Kind einmal berührt wird.	Matte Stilleschild Klangschale

Verlauf	Methodisch-didaktische Hinweise	Material
Wie ich mich heute fühle Die Kinder malen das zu ihrer Stimmung passende „Gesicht“ aus. Sie können es den anderen zeigen und darüber sprechen. Sie legen es, versehen mit Datum, in ihre „Ich-bin-ich-Mappe“.	Den Kindern wird erklärt, dass sie in Zukunft am Ende jedes „Ich-bin-ich-Tages“ mit Hilfe der „Gesichter“ zeigen können, wie sie sich fühlen. Wichtig: Es sind von allen drei Optionen ausreichend vorhanden, sodass jedes Kind das zu seinem Befinden passende „Gesicht“ auswählen kann.	**Material 2.3** Gesichter (drei Piktogramme), Farbstifte
Blitzlicht und Abschiedsritual		Siehe Modul 1, Tag 1

Material 2.1

Wie sich die Tiere bewegen

Für diese Übung werden die Tierabbildungen benötigt. Damit sich die Kinder auf die Bilder stellen können, werden die Abbildungen nach dem Kopieren und Ausschneiden mit der Zeichnung nach unten auf dem Fußboden ausgelegt.

Erzieherin

Ich werde jetzt auf der Trommel (mit der Gitarre) Musik machen. Ihr versucht, euch danach zu bewegen. Der Rhythmus wird unterschiedlich sein: einmal langsam, einmal schnell. Macht einfach die Bewegungen, die euch dazu einfallen. Wenn ich mit der Musik aufhöre, dann sucht euch rasch eine von den auf dem Boden liegenden Karten aus und stellt euch darauf. Ich nenne dann den Namen eines Kindes. Dieses dreht seine Karte um und wird darauf ein Tierbild finden. Die anderen Kinder raten dann, welches Tier auf der Karte abgebildet ist. Damit sie es nicht so schwer haben, muss das Kind mit der Karte sich so bewegen, wie es auch das jeweilige Tier macht. Wenn wir das Tier erraten haben, können wir alle gemeinsam noch einmal die Bewegungen nachahmen. Dann beginne ich wieder mit der Musik. Wenn ich aufhöre, nennt das Kind, das eben an der Reihe war, den Namen eines anderen Kindes, das dann seine Karte umdreht. Und das Spiel beginnt wieder von vorne.

Der Spielablauf kann gut mit einem Beispiel erklärt werden: Wenn jemand z. B. die Abbildung einer Katze findet, welche Bewegung könnte er dann machen? Wie bewegt sich eine Katze? Wer kann uns das einmal zeigen?

Illustration Material 2.1

Illustration Material 2.1

Material 2.2

Auf Safari

Die Erzieherin erklärt den Kindern, dass in Afrika eine Reise auch „Safari" genannt wird. Wer Afrika besucht, wird manchmal zu einer solchen Safari (z. B. einer Reise in die Wüste oder in den Dschungel) eingeladen.

Erzieherin

So eine Reise wollen wir jetzt machen. Wir befinden uns auf einer Safari. Die Sonne scheint, und es ist ganz heiß. Bevor wir uns auf den Weg machen, müssen wir noch den Rucksack packen (Bewegung: Packen).

Nun setzen wir den Rucksack auf (Bewegung: Aufsetzen) und machen uns auf den Weg. Während wir gehen, werden die Sträucher und Büsche immer dichter. Es hilft alles nichts! Wir müssen das große Messer aus dem Rucksack holen, um uns den Weg frei zu machen (Bewegung: Wegschlagen). Nachdem wir die erste Schwierigkeit überwunden haben, stehen wir plötzlich vor einer riesigen Wiese, auf der ganz viele Giraffen sind. Wir wollen sie nicht erschrecken, und deswegen legen wir uns ganz vorsichtig auf den Boden und sind ganz leise (Bewegung: Hinlegen). Auf einmal laufen alle Giraffen weg, und wir stehen wieder auf, um weiterzugehen. (Bewegung: Aufstehen).

Da hören wir ein lautes Geräusch. Wir drehen uns um (Bewegung: Umdrehen) und sehen plötzlich eine große Herde Elefanten, die genau auf uns zurennt. Wir laufen ganz schnell weg (Bewegung: Wegrennen).

Immer noch ganz außer Atem, sehen wir einen riesigen Fluss vor uns. Wir sehen uns um (Bewegung: Umsehen), können aber kein Boot erkennen. So bleibt uns nichts anderes übrig, als durch den Fluss zu schwimmen (Bewegung: Schwimmen). In der Mitte des Flusses liegt ein umgefallener Baumstamm. Wir schwimmen auf ihn zu (Bewegung: Schwimmen) und klettern auf ihn drauf (Bewegung: Klettern). Nun balancieren wir auf dem Baumstamm (Bewegung: Balancieren). Dabei müssen wir ganz vorsichtig sein, denn hier gibt es Krokodile. Das ist ganz schön gefährlich! Da entdecken wir plötzlich, dass Oskar, der Elefant, auf der anderen Seite des Flusses steht. „Ihr braucht keine Angst zu haben", sagt er. „Ich werde die Krokodile für euch verscheuchen!" Oskar stampft kräftig ins Wasser (Bewegung: Stampfen), und alle Krokodile schwimmen weg. Jetzt können wir am anderen Ufer aus dem Wasser klettern (Bewegung: Klettern). Wir bedanken uns bei Oskar für seine Hilfe (Bewegung: Händeschütteln). Dann verabschieden wir uns von ihm (Bewegung: Winken), denn wir sind müde und müssen erst mal eine Pause machen.

Wir setzen uns unter einen großen Baum (Bewegung: Hinsetzen). Wir bekommen Hunger und gucken uns um (Bewegung: Umgucken), ob wir nicht irgendetwas zu essen finden. Da oben auf dem Baum sehen wir Kokosnüsse. Also setzen wir den Rucksack ab (Bewegung: Absetzen) und klettern den Baum hoch (Bewegung: Hochklettern). Oben angelangt, schütteln wir den Baum so lange, bis die Kokosnüsse herunterfallen (Bewegung: Schütteln).

Unten wieder angekommen, nehmen wir uns einen Stein und schlagen die Kokosnüsse damit auf (Bewegung: Aufschlagen). Doch gerade als wir die Kokosnüsse essen wollen, kommen vier Affen angesprungen und nehmen uns die Kokosnüsse weg. Wir springen auf und laufen den Affen hinterher (Bewegung: Laufen). Doch die Affen sind viel zu schnell für uns. Also gehen wir wieder zurück zu dem Baum, an dem unser Rucksack steht (Bewegung: Gehen).

Plötzlich merken wir, dass sich der Himmel schon ganz rot gefärbt hat. Es wird Abend. Auf einmal werden wir müde (Bewegung: Gähnen). Schnell holen wir unsere Hängematte aus dem Rucksack und befestigen sie an den Bäumen (Bewegung: Befestigen). Endlich können wir uns hinlegen (Bewegung: Hinlegen). Wir schließen die Augen und schlafen ein.

Material 2.3

„Wie ich mich heute fühle“

Am Ende jedes „Ich-bin-ich-Tages“ erhalten die Kinder Zeit und Raum, darüber nachzudenken, wie sie sich fühlen. Sie geben ihrer Befindlichkeit Ausdruck, indem sie das Symbol für ihre momentane Stimmung (fröhlich – neutral – traurig) aus den Gesichtern (Abbildung 2.3) auswählen. Diese Rückmeldung ist auch für die Erzieherin wichtig und sollte zu einem festen Bestandteil der „Ich-bin-ich-Stunden“ werden. So können sich die Kinder regelmäßig mit ihren momentanen Gefühlen auseinandersetzen und üben, diese mitzuteilen.

Den Kindern wird erklärt, dass sie in Zukunft am Ende jedes „Ich-bin-ich-Tages“ darüber nachdenken können, wie es ihnen gerade geht. Die Kinder können ein „Gesicht“, das ihre Befindlichkeit widerspiegelt, auswählen. Es wird darauf geachtet, dass die Kinder selbst und allein entscheiden, wie sie sich fühlen.

Das lachende Gesicht symbolisiert „Es geht mir gut“, das neutrale Gesicht bedeutet „Es geht mir ein bisschen gut und ein bisschen schlecht bzw. mittel“ und das traurige Gesicht sagt „Es geht mir schlecht“.

Es können verschiedene Möglichkeiten des Umgangs mit der Zeichnung genutzt werden:

- Die Kinder können – falls sie es möchten – den anderen Kindern ihr Gesicht zeigen und sagen, warum sie es ausgewählt haben.
- Sie können das Gesicht ausmalen, mit ihrem Namen versehen und in ihre „Ich-bin-ich-Mappe“ legen.

Tipp für die Erzieherin: Die Ergebnisse zu den Befindlichkeiten der Kinder aus den einzelnen „Ich-bin-ich-Tagen“ können dokumentiert werden – zum Beispiel mit einer Tabelle, in der die Stimmung jedes Kindes an den aufeinanderfolgenden Stunden notiert wird und sich so die Veränderungen im Verlaufe des Programms verfolgen lassen.

Abbildung 2.3

2. Tag: Die Reise zum Nordpol

Lernziele

An diesem Tag setzen sich die Kinder mit den Bewegungsabläufen verschiedener Sportarten auseinander. Sie üben, wie sie ihre Bewegungen dem Rhythmus der Musik anpassen können. Dabei werden die statische Anspannung (Erstarrung) und die dynamische Anspannung (Bewegung) kennengelernt und erprobt.

Verlauf	Methodisch-didaktische Hinweise	Material
Einführung Begrüßung und Einführung in das Thema durch Oskar und Lilly; Singen des Projektliedes		Logo Oskar und Lilly Lied
Bewegungsübung „Ich-bin-ich"		**Material 1.3**
Sport ist Bewegung Die Kinder überlegen, welche Sportarten in ihrer Familie ausgeübt werden und welche sie kennen. Um Ideen anzuregen, können die Sportbilder genutzt werden. Jedes Kind macht eine Sportart vor. Die anderen Kinder erraten sie und machen mit.	Die Kinder erfahren, wie unterschiedlich menschliche Bewegungen sind und wie viel Spaß sie machen. Es kann auch die Übung „Wie sich die Tiere bewegen" (s. Modul 2/Tag 1) für Bewegungserfahrung genutzt werden.	**Material 2.4**
Unterwegs zum Nordpol Die Kinder reisen mit Oskar zum Nordpol, um Lilly zu besuchen.	Diese Bewegungsgeschichte ist ähnlich wie die Übung 2.2 „Auf Safari" gestaltet.	**Material 2.5**
Übung „Bewegen – Erstarren" Die Kinder laufen, tanzen, hüpfen usw. während der Musik und erstarren in den Pausen. Die Unterschiede der beiden Aktivitäten werden bewusst wahrgenommen.	Die Kinder bewegen sich nach der Musik und den unterschiedlichen Rhythmen frei im Raum; die Bewegungen können und sollen vom Kind erdacht und ausgeführt werden. Für die Musikeinspielung kann unterschiedliche Musik verwendet werden	**Material 2.6** Musik mit unterschiedlichen Rhythmen: Instrumente oder digitale Tonträger
Entspannungsübung „In der Höhle" Progressive Muskelentspannung	Die Erzieherin entscheidet, ob sie die Übung ohne oder mit Musikbegleitung, z. B. Entspannungsmusik, durchführen will.	**Material 2.7** Matten Vorschläge für Entspannungsmusik (siehe Anhang) Stilleschild, Klangschale
Wie ich mich heute fühle Die Kinder malen „ihr Gesicht" aus. Gespräch und Ablage in die „Ich-bin-ich-Mappe".		**Material 2.3**
Blitzlicht und Abschiedsritual		Siehe Modul 1, Tag 1

Material 2.4

Sport ist Bewegung

In dieser Übung reflektieren die Kinder über das eigene Bewegungsverhalten. Sie überlegen, welchen Sport die Eltern, die Geschwister oder die ganze Familie gemeinsam machen (z. B. Fahrradausflug). Die spezifischen Bewegungen stellen die Kinder dann den anderen vor, und diese sollen erraten, um welche Sportart es sich jeweils handelt.

Um Ideen anzuregen, können auch die Sportbilder genutzt werden. Die Erzieherin schneidet die verschiedenen Bilder aus und verteilt sie an die Kinder. Jedes Kind macht dann die Sportart, die auf seiner Karte abgebildet ist, vor.

Material 2.4

Material 2.4

Material 2.5

Unterwegs zum Nordpol

Erzieherin

Sicher erinnert ihr euch, dass wir Oskar das letzte Mal auf unserer Safari getroffen haben. Wisst ihr noch, was da passiert ist? (Da hat er die Krokodile verscheucht und euch geholfen, durch den Fluss zu kommen.).

Heute möchte Oskar eine Reise machen, um seine Freundin Lilly abzuholen. Sie hat nämlich gerade ihre Mama besucht, und Oskar ist ganz gespannt darauf zu sehen, wie es dort aussieht, wo Lilly herkommt. Wie ihr ja wisst, ist sie eine Eisbärin und kommt aus der Arktis. Das heißt, dass Oskar eine lange Reise vor sich hat. Er muss von Kenia bis zur Arktis reisen – also von Afrika bis zum Nordpol. So packt er seine Sachen (Bewegung: Packen) und macht sich auf den Weg (Bewegung: Laufen).

Oskar muss einige Tage laufen. Immer wieder macht er lange Pausen (Bewegung: Hinsetzen), weil er sich von der anstrengenden Reise ausruhen muss. Aber er will unbedingt zu Lilly. Lang ist der Weg, aber eines Tages ist er am Nordpol angekommen. „Oh, hier ist es aber sehr kalt!", ruft Oskar. Der Wind pfeift ihm um die großen Elefantenohren, und überall liegt ganz viel Schnee. Hier am Nordpol schneit es oft, und es ist eisig kalt (Bewegung: Frieren). Gut, dass Oskar daran gedacht hat, eine Mütze und einen Schal mitzunehmen. Die kann er jetzt gut gebrauchen. Oskar setzt die Mütze auf (Bewegung: Aufsetzen) und bindet seinen Schal um (Bewegung: Umbinden). Das wärmt ihn ein wenig.

Plötzlich sieht Oskar die Höhle von Lilly. Sie wohnt in einer großen Bärenhöhle. Oskar läuft schnell hin (Bewegung: Laufen), um Lilly zu begrüßen (Bewegung: Umarmen). Beide freuen sich sehr, dass sie sich endlich wiedersehen. Schnell bittet Lilly Oskar herein, damit er sich aufwärmen kann. In der Höhle ist es Oskar aber immer noch zu kalt, denn er kommt ja aus Afrika, wo es immer schön warm ist. Lilly kann in der Kälte gut leben. Sie hat ein dickes Fell, das sie warmhält. Jetzt hat sie eine gute Idee: „Wir können doch nach draußen gehen und uns aufwärmen." „Draußen ist es doch noch kälter", sagt Oskar. „Da wird mir doch nicht warm!" Lilly zieht Oskar aus der Höhle und ruft: „Dann müssen wir eben ganz viel tanzen. Wenn wir uns bewegen, dann wird uns warm!"

So gehen die beiden nach draußen und fangen an zu tanzen. Sie tanzen, bis es dunkel wird (Bewegung: Tanzen). Danach sind beide sehr müde und legen sich in die Höhle zum Schlafen (Bewegung: Hinlegen und Schlafen).

Material 2.6

„Bewegen – Erstarren"

Erzieherin
Stellt euch vor, es geht euch so wie Oskar. Ihr müsst tanzen, damit euch warm bleibt. Ich werde euch jetzt Musik vorspielen, und wir tanzen dazu wie Oskar und Lilly. Immer, wenn die Musik stoppt, können wir nicht weitertanzen und werden plötzlich zu Eis. Mitten in der Bewegung frieren wir ein und werden ganz steif und starr. Wir können uns überhaupt nicht mehr bewegen. Wenn die Musik wieder beginnt, tauen wir auf und tanzen weiter.

Material 2.7

Entspannungsübung „In der Höhle"

Die Kinder haben sich an diesem Gesundheitstag viel bewegt. Diese Übung wird sie nun wieder zur Ruhe bringen und die Stunde entspannt ausklingen lassen. Die Erzieherin erzählt, dass Oskar jetzt vorschlägt, gemeinsam mit allen Kindern in Lillys Höhle zu gehen und dort auszuruhen. Es kann auch eine Ecke im gleichen Raum sein.

Erzieherin
Lege deine Hände ganz locker neben deine Beine. Atme tief. Jetzt schließe deine Augen und achte darauf, wie dein Körper sich anfühlt (Musik einblenden).

Nun balle deine rechte Hand zu einer Faust. Stell dir vor, dass du eine dicke gelbe Zitrone in deiner rechten Hand hast. Drücke sie ganz fest zusammen und versuche, den ganzen Saft aus der Zitrone herauszupressen. Achte auf das Gefühl in deiner Hand und in deinem Arm. Nun lass die Zitrone einfach fallen. Achte darauf, wie sich deine Hand nun anfühlt, wenn sie entspannt ist. Nimm nun eine neue Zitrone und zerquetsche sie mit der linken Hand. Drücke sie noch fester als die andere Zitrone. Lasse die Zitrone fallen und entspanne. Merkst du, dass sich deine Hand und der Arm besser anfühlen, wenn sie entspannt sind?

Nun stelle dir vor, du wärst eine faule, schläfrige Katze. Du willst dich so richtig recken und strecken. Streck deine Arme weit nach oben, zieh sie über deinen Kopf und lasse sie weit nach hinten wippen. Fühlst du das Ziehen in deinen Armen und Schultern? Jetzt lass deine Arme wieder neben deinen Körper fallen und entspanne sie.

Öffne langsam deine Augen, recke und strecke dich und komme langsam wieder in den Kindergarten zurück.

3. Tag: Bei Oskar zu Hause

Lernziele

Die Kinder lernen, dass langes Fernsehen und Spielen an digitalen Geräten Beschwerden nach sich ziehen kann. Beim Tanzen spüren sie den unterschiedlichen Reaktionen ihres Körpers nach, erkennen und benennen sie. Es wird deutlich, dass gemeinsame Bewegung mehr Spaß macht als allein fernzusehen.

Verlauf	Methodisch-didaktische Hinweise	Material
Einführung Begrüßung und Einführung in das Thema durch Oskar und Lilly; Singen des Projektliedes		Logo Oskar und Lilly Lied
Bewegungsübung „Ich-bin-ich“		**Material 1.3**
Oskar guckt Fernsehen In der Geschichte wird erzählt, dass Oskar zu Hause fernsieht und dabei eine Reportage über den Nordpol geschaut hat. Danach sprechen die Kinder über Fernsehen und andere Gewohnheiten, z. B. das Spielen mit digitalen Geräten.	Die Geschichte wird vorgespielt oder als Reportage gestaltet. Die Fragen werden mit den Kindern diskutiert.	**Material 2.8**
Wir tanzen Nach dem Tanzen werden die physiologischen Veränderungen im Körper gefühlt und besprochen. Der Zusammenhang von Spaß/Wohlbefinden und Bewegung wird thematisiert: Wie geht es euch? Hat euch das Tanzen Spaß gemacht?	Gemeinsames Tanzen, z. B. den „Ententanz“ oder andere Kindertänze. Frage: Was bemerkt ihr an euch nach dem Tanzen (z. B. Herz klopft schneller, Atmung deutlich spürbar, Puls erhöht, Schwitzen)? Hilfestellung geben, z. B. auf der Stelle laufen und dabei eine Hand auf die Brust legen.	Instrument oder Musik (Vorschläge siehe Anhang)
Entspannungsübung „Bei Oskar zu Hause“ Progressive Muskelentspannung	Die Erzieherin entscheidet, ob sie die Übung ohne oder mit Musikbegleitung durchführen will. Für die musikalische Untermalung kann Entspannungsmusik verwendet werden.	**Material 2.9** Matten Musik (siehe Anhang) Stilleschild, Klangschale
Wie ich mich heute fühle Die Kinder malen „ihr Gesicht“ aus. Gespräch und Ablage in die „Ich-bin-ich-Mappe“.		**Material 2.3**
Blitzlicht und Abschiedsritual		Siehe Modul 1, Tag 1

Material 2.8

Oskar guckt Fernsehen

Erzieherin

Letztes Mal haben euch Oskar und Lilly mit auf die Reise zum Nordpol genommen. Sie wollen ja noch mehr Reisen machen, aber jetzt sind sie erst einmal zu Hause. Das ist für Oskar so richtig langweilig, und er weiß gar nicht, was er machen soll. Er ist noch müde von der letzten Reise und hat keine Lust, draußen zu spielen. Eigentlich hat er zu gar nichts Lust und entscheidet sich schließlich, fernzusehen.

Fragen an die Kinder

„Findet ihr es gut, dass Oskar sich vor den Fernseher setzt? Was macht ihr denn, wenn euch langweilig ist?"

Erzieherin

Oskar sitzt jetzt schon ganz lange vor dem Fernseher. Er hat bestimmt schon vier verschiedene Sendungen gesehen. Und nach so langer Zeit fühlt er sich gar nicht mehr gut. Sein Rücken schmerzt und auch der Kopf tut ihm weh. Es macht ihm keinen Spaß, die ganze Zeit nur zu sitzen.

Fragen an die Kinder

„Habt ihr auch schon mal lange ferngesehen? Und wie ging es **euch**?"

Erzieherin

Plötzlich sieht Oskar im Fernsehen einen Bericht über die Eisbären am Nordpol. Und er kann zuschauen, wie alle Eisbären tanzen und sich freuen. Oskar erinnert sich an die schöne Zeit, die er mit Lilly dort verbracht hat. Sie haben so schön zusammen getanzt, und das hat Oskar großen Spaß gemacht. Nun bekommt Oskar Lust zu tanzen. Schnell schaltet er den Fernseher aus, läuft nach draußen und ruft seine Freunde zusammen. Da sie ganz neugierig darauf sind, was Oskar von ihnen will, kommen alle gleich angelaufen (eventuell vorhandene Plüschtiere einsetzen): Lilly ist die erste. Wer kommt denn noch? Das ist ja Ariana, die Giraffe, und dann kommt noch Robert das Nashorn, und Metin der kleine Löwe und auch Lara, die Ente, kommt schnatternd angerannt. Oskar erzählt ihnen, was er gerade im Fernsehen erfahren hat. Dann berichten Lilly und Oskar von ihrer Reise zum Nordpol. Sie erzählen, dass es schrecklich kalt war und schildern, was sie dort gemacht haben. Die beiden zeigen allen anderen Tieren die Tänze, die sie am Nordpol zusammen erlebt haben. Die Freunde sind begeistert. Gemeinsam fangen alle an zu tanzen und freuen sich. Das ist viel schöner, als den ganzen Tag vor dem Fernseher zu sitzen. Jetzt tut Oskar auch nichts mehr weh und er fühlt sich richtig gut.

„Kennt noch jemand von euch einen anderen Tanz, den wir tanzen können?", fragt Oskar seine Freunde. Da hat Lara, die Ente, eine gute Idee: „Ich würde gern den Ententanz mit euch tanzen". Die Kinder haben noch viele andere Vorschläge, Oskar und Lilly laden die Kinder zum gemeinsamen Tanzen ein.

Die **Erzieherin** unterstützt das Tanzen möglichst mit entsprechender Musik aus Kindertänzen.

Material 2.9

Entspannungsübung „Bei Oskar zu Hause“

Da das Tanzen müde macht, kann die Erzieherin die Kinder sicherlich gut motivieren, mit Oskar nun nach Hause zu gehen und noch ein wenig zu entspannen. Die Kinder kennen inzwischen dieses Ritual, wissen, wo ihre Matten liegen und werden mithilfe des Stilleschildes um Ruhe gebeten.

Erzieherin

Leg dich möglichst bequem hin. Lass deine Hände ganz locker neben deinen Beinen liegen. Atme tief. Jetzt schließe deine Augen und achte darauf, wie sich dein Körper anfühlt (Musik einblenden).

Nun balle beide Hände zu einer Faust. Stell dir vor, du zerdrückst zwei dicke gelbe Zitronen. Drücke sie ganz fest zusammen, sodass der ganze Saft herausgequetscht wird. Dann lass die Zitronen fallen. Achte darauf, wie sich deine Hände anfühlen, wenn sie entspannt sind.

Stell dir nun vor, du wärst eine Schildkröte. Du sitzt draußen im Sand an deinem Lieblingsteich und entspannst dich in der warmen Sonne. Hier fühlst du dich so richtig wohl. Aber plötzlich witterst du Gefahr! Da war doch ein Geräusch? Zieh schnell deinen Kopf in deinen Panzer ein. Versuch deine Schultern weit hinaufzuziehen, bis hin zu deinen Ohren. Dein ganzer Hals verschwindet dabei zwischen deinen Schultern. Bleibe einen Moment so und spüre das Gefühl in deinem Kopf und in deinem Nacken und Hals. Endlich! Die Gefahr ist vorüber. Du kannst deinen Kopf wieder aus deinem Panzer herausholen. Lass deine Schultern wieder fallen. Du kannst dich nun entspannt an deinen Lieblingsteich begeben. Spüre, wie sich deine Schultern und dein Nacken anfühlen.

Als Nächstes sollst du deine Zähne zusammenbeißen. Stell dir vor, du hast einen riesigen Kaugummi im Mund. Er ist schwer zu kauen. Um ihn weich zu bekommen, musst du deine Zähne ganz fest zusammenbeißen. Halte dieses Gefühl einen Augenblick. Dann entspanne dein Kinn und lass es einfach herunterhängen. Fühle, wie gut es tut, das Kinn locker zu lassen.

Stell dir vor, du stehst barfuß in einer großen Schlammpfütze. Wühle mit deinen Zehen tief im Schlamm. Versuche deine Füße bis auf den Grund der Schlammpfütze zu drücken. Dafür musst du die Beine, die Füße und die Zehen strecken. Mache sie ganz lang und spreize deine Zehen, versuche sie so weit wie möglich auseinander zu bekommen. Nun steige aus der Schlammpfütze heraus und entspanne deine Beine und deine Füße. Lass auch deine Zehen ganz locker werden und spüre, wie schön sich das anfühlt.

Bleib noch einen Augenblick so gemütlich und entspannt liegen und merke, wie sich dein Körper anfühlt. Öffne langsam deine Augen, recke und strecke dich und komme langsam wieder in den Kindergarten zurück.

4. Tag: Eine Reise mit dem Heißluftballon

Lernziele

Auf einer Reise mit dem Heißluftballon erleben die Kinder Bewegung bzw. Nicht-Bewegung an vier Stationen: in der Stadt, auf dem Berg, im Wald und am Fluss. Sie erkennen, dass sich um sie herum vieles bewegt. Die Bedeutung von Bewegung wird noch einmal thematisiert.

Verlauf	Methodisch-didaktische Hinweise	Material
Einführung Begrüßung und Einführung in das Thema durch Oskar und Lilly; Singen des Projektliedes		Logo Oskar und Lilly Lied
Bewegungsübung „Ich-bin-ich"		**Material 1.3**
Wir bereiten unsere Reise vor Zunächst wird über die Besonderheiten eines Heißluftballons geredet. Er wird vor dem Aufsteigen mit Heißluft gefüllt, bewegt sich sehr ruhig, die Fahrtrichtung ist abhängig vom Wind, bis zu acht Erwachsene haben darin Platz, die Passagiere stehen in einem Korb etc. Danach wird der Korb des Heißluftballons gemeinsam gebaut. Dabei sind der Fantasie der Kinder keine Grenzen gesetzt.	Als Anregung zum Bau des Heißluftballonkorbes wird den Kindern das Modulbild „Lilly und Oskar im Heißluftballon" gezeigt. Für ihren Korb können sie Kissen, Polster, Matten, Decken etc. verwenden. Anschließend stellen sie sich in den Korb und spielen die Reise.	Kissen Polster Matten Decken etc.
Wir gehen auf die Reise Während dieser Reise wird der Heißluftballon in einer Stadt, auf einem Berg, in einem Wald und an einem Fluss landen. Bei jeder Landung lösen die Kinder eine Aufgabe. 1. Station: Landung in einer Stadt 2. Station: Landung auf einem Berg 3. Station: Landung in einem Wald 4. Station: Landung an einem Fluss	1. Station: Die Kinder erzählen, was sie gerne tun, wenn sie in der Stadt sind. Es werden Ideen gesammelt, z. B. Eis essen, Zoo besuchen, zum Spielplatz gehen. (Ideen evtl. im Rollenspiel umsetzen!) 2. Station: Die Kinder basteln einen Flieger, steigen auf einen Stuhl (Berg) und lassen ihn segeln. 3. Station: Mit verbundenen Augen suchen sich die Kinder gegenseitig im Raum (Wald). 4. Station: Die Kinder machen Pause am Fluss und hören dem Plätschern und Rauschen zu.	**Material 2.10** Buntstifte buntes Papier zum Flieger falten zwei Schals Matte Stilleschild, Klangschale
Entspannungsübung mit Auszug aus der Musik „Die Moldau" von Smetana	Mithilfe der Musik können die Kinder ihrer Fantasie freien Lauf lassen.	„Die Moldau" (siehe Anhang)
Am Ende der Rundreise Die Kinder tauschen sich darüber aus, was ihnen auf der Reise besonders gut gefallen hat.	Die Kinder malen einen Heißluftballon an oder ein Bild von ihrem schönsten Erlebnis auf der Reise. Dabei wird im Gespräch das gesamte Modul gemeinsam reflektiert.	**Material 2.10**
Wie ich mich heute fühle Die Kinder malen „ihr Gesicht" aus. Gespräch und Ablage in die „Ich-bin-ich-Mappe".		**Material 2.3**
Blitzlicht und Abschiedsritual		Siehe Modul 1, Tag 1

Material 2.10

Wir gehen auf die Reise

Die Erzieherin erinnert die Kinder daran, dass sie beim letzten „Ich-bin-ich-Tag" mit Oskar und Lilly und den anderen Freunden Ariana (die Giraffe), Robert (das Nashorn), Metin (der Löwe) und Lara (die Ente) ganz viel getanzt haben. Alle fanden das toll. Heute wollen die Freunde mit den Kindern gemeinsam eine Reise unternehmen. Zuerst aber müssen sie sich gut darauf vorbereiten, denn es soll eine Fahrt mit dem Heißluftballon werden.

Was ist eigentlich ein Heißluftballon? Die Kinder schauen sich gemeinsam das Modultitelbild an. Danach überlegen sie, wie sie einen solchen Ballon nachbauen können. Die Ideen werden gesammelt und die Kinder beratschlagen, welche Dinge dazu gebraucht werden. Die Erzieherin prüft vorher, ob Kissen, Polster, Matten etc. vorhanden sind. Die Seiten des Ballons können mit Stühlen abgestützt werden. Der Fantasie sind keine Grenzen gesetzt!

Wenn der Ballon fertig ist und alle Kinder darin Platz genommen haben, erklärt die Erzieherin, dass die Rundreise im Kindergarten beginnt und auch dort wieder endet. Auf der Fahrt werden öfter Pausen eingelegt, und die Kinder werden verschiedene Orte kennen lernen. Dann geht es los, schon bald schweben sie in der Luft. Die Kinder werden angeregt zu erzählen, was sie unter sich sehen: zunächst das Umfeld des Kindergartens, vielleicht auch das Elternhaus, später die nähere Umgebung.

1. Station: Schon bald wird die nächste größere Stadt gesichtet. Die Kinder überlegen (im Heißluftballon), was sie tun, wenn sie in der Stadt sind. Oft dürfen sie sich in einer Stadt nicht so viel bewegen. Im Kaufhaus müssen sie immer bei Mama und Papa bleiben und oft an der Hand gehen, sie dürfen nicht (weg-)laufen. Gibt es denn auch etwas, was den Kindern Spaß macht, wenn sie in der Stadt sind?

Wenn die Ideen gesammelt sind, können die Kinder gemeinsam mit der Erzieherin in die Stadt gehen und die Ideen in kleinen Rollenspielen umsetzen. Sie gehen zum Beispiel in den Zoo, sie gehen zu einem Spielplatz usw.

Anschließend geht die Fahrt weiter. Sie reisen über Felder und Wiesen, dann sehen sie einen großen Berg, auf dem sie landen.

2. Station: Vom Berg aus können die Kinder weit ins Tal hinabschauen. Was sehen sie? Die Erzieherin schlägt den Kindern vor, einen Flieger zu bauen und ihn ins Tal hinuntersegeln zu lassen.

Aus Papier wird ein kleiner Flieger gefaltet. Nun stellt sich ein Kind auf einen Stuhl und schickt ihn los.

Danach steigen alle Kinder wieder ein und die Reise geht weiter. Schon von Weitem können sie den großen Wald sehen und steuern eine Lichtung an. Dabei müssen sie sehr vorsichtig sein, um nicht auf den Bäumen zu landen. Aber geschafft!

3. Station: Nachdem die Kinder auf der Lichtung mitten im Wald gelandet sind, bekommen sie große Lust zum Verstecken spielen.

Die Gruppe bildet einen Kreis. Die Kinder wählen zwei aus ihrer Gruppe als „Wildschweine im dunklen Wald" aus. Sie bekommen beide die Augen verbunden und werden so weit wie möglich voneinander entfernt. Die beiden Kinder werden vorsichtig noch einige Male im Kreis herumgedreht und sollen sich dann gegenseitig finden. Als Suchhilfe kann eines der beiden Kinder z. B. grunzen wie ein Wildschwein.

Anregung: Diese Übung kann auch durch weitere Versteck- und Suchspiele abgewandelt werden.

Danach geht es noch einmal in die Luft. Die Kinder fliegen weiter, bis sie einen Fluss sehen, der sich in vielen Kurven durch die Landschaft schlängelt. Dort am Fluss machen sie das letzte Mal Pause.

4. Station: Die Kinder setzen oder legen sich am Fluss ins Gras. Sie hören die Geräusche des Wassers, das leise Rauschen und Plätschern. Die Erzieherin spielt ein Musikstück (Vorschlag: aus Smetanas „Die Moldau"), und die Kinder können die Geräusche des Flusses nachempfinden und sich entspannen.

Für den Rückweg in den Kindergarten wird noch einmal der Heißluftballon benutzt.

Am Ende der Rundreise erzählen sie Oskar und Lilly, was sie Schönes erlebt haben. Sie könnten auch einen Heißluftballon ausmalen und das Bild in die „Ich-bin-ich-Mappe" legen.

Material 2.10

Heißluftballon (zum Ausmalen)

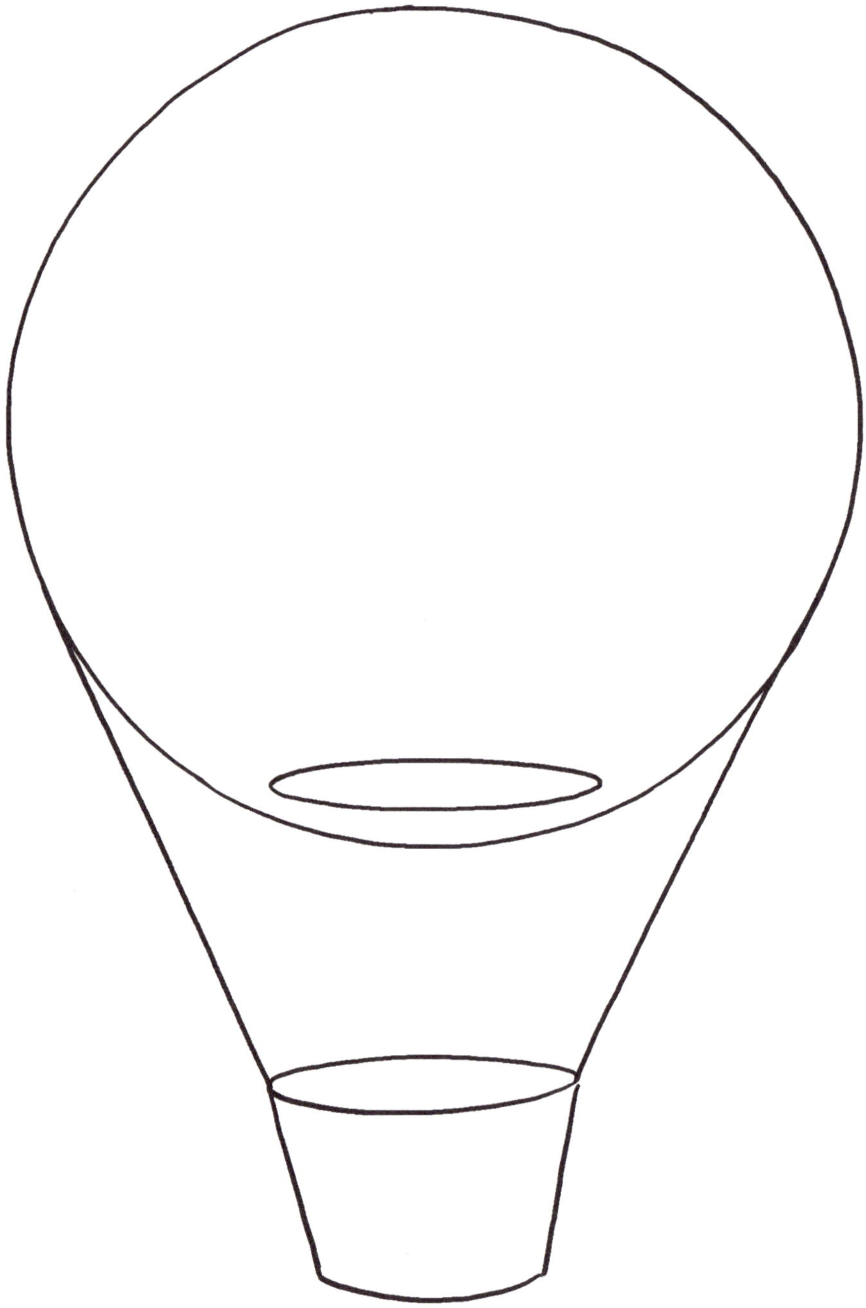

Modul 3: Kommunikation

„Wir sprechen und spielen gerne miteinander."

1. Tag: Ich höre dir zu.
2. Tag: Ich vertraue dir.

Der Mensch ist ein soziales Wesen und lebt in der Gemeinschaft mit anderen. Dort erwirbt er auch jene Fähigkeiten, die zur Kommunikation notwendig sind. Normalerweise werden die Grundlagen dafür in der Familie gelegt, denn vom ersten Lebenstag an kommuniziert das Kind mit seiner Mutter: Beim Stillen werden beispielsweise über alle Kommunikationskanäle (Mimik, Gestik und Sprache) Mitteilungen ausgetauscht.

Kinder bringen die Voraussetzungen für gelingende Kommunikation bereits mit auf die Welt. So hat die Hirnforschung eine besondere Gruppe von Nerven im Gehirn – die sogenannten „Spiegelneuronen" – gefunden und kann inzwischen nachweisen, dass deren besondere Funktion darin besteht, das Verhalten anderer Menschen nachzuahmen und mit anderen mitzufühlen (vgl. Bauer 2006). Spiegelneuronen sind für die Entwicklung von Empathie eine wichtige Voraussetzung. Doch nur wenn ein Kind Resonanz von seinen Bezugspersonen erfährt, können die Spiegelneuronen in Funktion treten. Anlagen, die nicht genutzt werden, verkümmern.

Grundsätzlich gilt: „Man kann nicht nicht kommunizieren" (Watzlawick u.a. 1969, S. 53), weil das menschliche Verhalten immer eine Mitteilung enthält. Übersieht die Erzieherin z.B. beim Morgenkreis ein Kind, spricht es nicht an, dann teilt sie damit auch etwas mit. Das Kind empfängt diese Nachricht und reagiert darauf. Vielleicht verhält es sich plötzlich sehr auffällig, um bemerkt zu werden, oder es zieht sich noch mehr zurück. An diesem Beispiel ist schon zu erkennen, wie leicht es zu Kommunikationsstörungen kommen kann. Aus diesem Grund ist es so wichtig, zu allen Kindern in der Gruppe eine verlässliche Beziehung aufzubauen und diese durch eine lebendige Kommunikationskultur zu pflegen.

Am **ersten „Ich-bin-ich-Tag"** wird das Zuhören geübt – die grundlegende Voraussetzung für gelingende Kommunikation. Die Kinder lernen, aktiv und aufmerksam zuzuhören, um das Gehörte den anderen Kindern erzählen zu können. Wenn ein Kind spricht, wird ihm zugehört, weil jede/r wichtig ist und respektiert werden muss. So lernen die Kinder, andere aussprechen zu lassen und sich selbst zurückzuhalten. Die Folgen des Nicht-Zuhörens werden mithilfe einer Geschichte besprochen.

Die Kinder erfahren am **zweiten Gesundheitstag,** wie gut es ist, den anderen Kindern vertrauen zu können. In den Übungen probieren die Kinder diese Erfahrung auf körperlicher und emotionaler Ebene aus. Die „Pappdeckel-Übung" ist gut geeignet, sowohl Entspannung zu erfahren als auch zu lernen, dem Partner oder der Partnerin zu vertrauen. Vielen Kindern tut es sehr wohl, dass ein anderes Kind sich so viel Zeit und Mühe macht, ihren ganzen Körper mit Pappdeckeln, Karteikärtchen, Papierblättern o.ä. zu belegen. Auch Kinder, die sonst nicht so gut still liegen können, bleiben bei dieser Übung ganz ruhig. Sie können dabei gut ihren Atem beobachten, da das Heben und Senken des Brustkorbes die aufgelegten Deckel oder Blätter leicht bewegt. Die nächste Übung „Du kannst es mir doch sagen" kann zum Austausch von Erfahrungen genutzt werden: Wem vertrauen sich die Kinder gerne an und warum? Woran ist zu erkennen, dass jemand Sorgen hat?

1. Tag: Ich höre dir zu.

Lernziele

Die Kinder üben, aktiv und aufmerksam zuzuhören, um das Gehörte den anderen erzählen zu können. Dazu gehört, dass das sprechende Kind respektiert und ihm solange zugehört wird, bis es fertig ist. Es werden keine Bewertungen beim Wiedererzählen abgegeben.

Verlauf	Methodisch-didaktische Hinweise	Material
Einführung Begrüßung und Einführung in das Thema durch Oskar und Lilly; Singen des Projektliedes		Logo Oskar und Lilly Lied
Bewegungsübung „Ich-bin-ich"		**Material 1.3**
Entspannungsübung „Geräusche" In dieser Übung geht es um die Bedeutung des aufmerksamen Zuhörens. Die Kinder üben, verschiedene Geräusche wahrzunehmen und zu erkennen.	Die Kinder kommen zur Ruhe. In der Übung werden mindestens drei Geräusche erzeugt, die die Kinder erraten sollen. Für die Geräusche können verschiedene Gegenstände verwendet werden.	**Material 3.1** Matte Stilleschild, Klangschale Gegenstände z. B. Flöte, Glöckchen, Papier
Was ich gehört habe Jedes Kind malt ein Bild von dem, was es gehört hat. Die Kinder erzählen, was sie gehört und gemalt haben.	Mindestens ein Geräusch wird in ein Bild umgesetzt, z. B. der Gegenstand, der das Geräusch erzeugt hat. Jedes Kind stellt anschließend sein Bild vor.	Farbstifte Papier
Du hast wohl nicht richtig zugehört! Es geht darum, was passieren kann, wenn man nicht richtig zuhört. Lied: „Ich spreche mit dir"	Die Geschichte wird erzählt und mit den Kindern diskutiert. Das Lied gemeinsam singen und gestalten.	**Material 3.2** Liedvorschlag siehe Anhang
Wie ich mich heute fühle Die Kinder malen „ihr Gesicht" aus. Gespräch und Ablage in die „Ich-bin-ich-Mappe".		**Material 2.3**
Blitzlicht und Abschiedsritual		Siehe Modul 1, Tag 1

Material 3.1

Entspannungsübung „Geräusche“

Die Kinder werden gebeten, sich bequem hinzulegen und möglichst die Augen zu schließen, denn in der folgenden Übung sollen sie gut hinhören und durch nichts abgelenkt werden.

Erzieherin

Bei dieser Übung musst du ganz genau hinhören. Schließe bitte die Augen, und ich schlage den Gong an. Du hörst mit geschlossenen Augen gut hin. Wenn du den Ton nicht mehr hören kannst, ist es ganz still.

Ich werde jetzt drei verschiedene Geräusche machen. Du sollst erraten, was es ist. Sage es aber nicht laut. Merke dir, was du gehörst hat.

(Die Erzieherin kann z.B. ein Glöckchen anschlagen, Flötentöne erzeugen, eine Fahrradklingel bedienen, mit Papier rascheln, Wasser ausgießen. Das Geräusch sollte wiederholt werden, damit die Kinder die Töne zweimal hören können.)

So, nun öffne deine Augen. Bestimmt hast du erkannt, was das war. Ich gebe dir jetzt ein Blatt Papier und du kannst etwas von dem, was du gehörst hast, aufmalen.

Material 3.2

Du hast wohl nicht richtig zugehört!

Erzieherin

Morgen ist ein ganz besonderer Tag für Oskar, den Elefanten. Er hat Geburtstag! Oskar will viele Freunde zu seiner Feier einladen. Lilly und die anderen Tiere hat er bereits eingeladen, und nun will er auch noch den Kindern Bescheid sagen.

Oskar geht in den Kindergarten und erzählt den Kindern, dass er Geburtstag hat und alle einladen will. „Die Feier soll morgen sein“, erklärt er. „Wir treffen uns um drei Uhr bei mir zu Hause.“ Die Kinder freuen sich über die Einladung. Dann spielen sie gemeinsam mit Oskar.

Am nächsten Tag um drei Uhr sind alle seine Freunde bei Oskar zu Hause. Er will anfangen, seinen Kuchen anzuschneiden, als er merkt, dass ein Kind fehlt. „Wo ist denn Tina? Warum ist Tina denn nicht da?“ Sie stand doch gestern mit den anderen Kindern um Oskar herum. „Wenn sie richtig zugehört hat, dann müsste sie doch eigentlich hier sein“, sagt Oskar. Aber vielleicht hat Tina ja gar nicht richtig zugehört.

Schnell laufen alle los, um Tina zu suchen. Sie ist auf dem Spielplatz. Oskar fragt sie: „Warum bist du denn nicht zu meiner Geburtstagsfeier gekommen?“ „Du hast Geburtstag?“, fragt Tina ganz erstaunt. „Das habe ich ja gar nicht gewusst!“ Oskar erklärt ihr, dass er das allen Kindern gestern gesagt hat, als Tina auch dabei war. Tina sagt: „Das ist aber komisch. Dabei würde ich sehr gerne mit euch feiern.“ „Da hast du wohl nicht richtig zugehört!“, sagt Oskar. „Aber nun bist du ja da und wir freuen uns alle riesig, dass du doch noch dabei sein kannst“. Tina weiß jetzt, wie wichtig es ist, immer richtig zuzuhören. Nun feiern sie alle gemeinsam ein schönes Fest.

2. Tag: Ich vertraue dir.

Lernziele

Die Kinder erfahren, dass es gut ist, wenn sie anderen vertrauen können. In den Übungen können sie diese Erfahrung auf körperlicher und emotionaler Ebene ausprobieren.

Verlauf	Methodisch-didaktische Hinweise	Material
Einführung Begrüßung und Einführung in das Thema durch Oskar und Lilly; Singen des Projektliedes		Logo Oskar und Lilly Lied
Bewegung und Entspannung Bewegungsübung „Ich-bin-ich“, Entspannungsübung „Pappdeckel“	Den Kindern viel Zeit lassen, damit auch wirklich jedes von ihnen diese Übung genießen kann.	**Material 1.3** **Material 3.3** Matte Stilleschild, Klangschale Pappdeckel
Du musst mich führen Die Kinder durchqueren den Raum und müssen dabei kleinere Hindernisse überwinden.	Es werden Paare gebildet. Mit verbundenen Augen wird ein Kind von einem anderen Kind geführt. Die Kinder dürfen sich ihren Partner/ihre Partnerin für diese Übung aussuchen. Wer die Augen nicht verbunden haben möchte, kann sie auch nur zukneifen.	Schals Hindernisse (Bank, Seil, Ball etc.)
Gespräch Die Kinder tauschen sich über die Übung aus.	Folgende Fragen können gestellt werden: Wie habe ich mich in den einzelnen Rollen gefühlt? In welcher Rolle fühlte ich mich wohler?	
Du kannst es mir doch sagen Die Geschichte wird vorgelesen und danach von den Kindern mit Lösungsvorschlägen nachgespielt.	Im Rollenspiel können sich die Kinder unterschiedliche Lösungen einfallen lassen.	**Material 3.4**
Wie ich mich heute fühle Die Kinder malen „ihr Gesicht“ aus. Gespräch und Ablage in die „Ich-bin-ich-Mappe“.		**Material 2.3**
Blitzlicht und Abschiedsritual		Siehe Modul 1, Tag 1

Material 3.3

Entspannungsübung „Pappdeckel"

Die Kinder bilden Paare. Jedes Paar erhält circa 20 „Pappdeckel" (Karteikärtchen, Spielkarten, Bierdeckel, Papierblätter) und sucht sich einen Platz im Raum.

Die Erzieherin erklärt die Übung: Ein Kind legt sich auf die Matte. Die Arme liegen seitlich vom Körper, die Beine locker nebeneinander. Es atmet ruhig und schließt, wenn möglich, die Augen. Das andere Kind verteilt nun langsam und vorsichtig die Pappdeckel auf dem Körper (auf Arme, Beine, Bauch, Brust und Gesicht) des liegenden Kindes. Sind alle Pappdeckel verteilt, bleiben sie einige Minuten auf dem Körper liegen und werden dann vorsichtig von dem Kind, das sie aufgelegt hat, auch wieder entfernt. Erst dann steht das Kind, das mit den Deckeln bedeckt wurde, wieder auf und die Rollen werden getauscht.

Gestaltungsvorschläge

Das liegende Kind erfühlt und teilt leise mit, auf welche Körperstellen Pappdeckel gelegt wurden. Dazu muss es seine Augen noch geschlossen halten.

Es werden unterschiedlich viele Pappdeckel auf die Arme und Beine verteilt. Das Kind errät, auf welchem seiner Gliedmaßen die meisten Pappdeckel liegen.

Das Kind wird darauf hingewiesen, dass es ruhig weiteratmen kann, aber ganz still liegen muss, damit kein Pappdeckel herunterfällt. Wenn alle Deckel aufgelegt sind, öffnet das Kind die Augen und beobachtet, wie sie sich beim Atmen auf seiner Brust sanft bewegen.

Material 3.4

Du kannst es mir doch sagen

Oskar geht auf den Spielplatz. Da sieht er Lilly und läuft zu ihr. Aber seiner Freundin geht es heute nicht gut.

Oskar
Hallo Lilly, warum schaust du denn so traurig?

Lilly
Wie? (fragt sie abwesend)

Oskar
Was hast du denn?

Lilly
Nichts!

Oskar
Doch, irgendwas ist los.

Lilly
Ich möchte nicht darüber reden.

Oskar
Aber …

Lilly
Ich hab doch gesagt: ICH MÖCHTE NICHT DARÜBER REDEN!

Oskar
Aber Lilly, es ist wirklich besser, wenn du darüber redest. Weißt du, was sonst mit dir passieren kann? Du bekommst Kopfschmerzen, Magenschmerzen, und du kannst an nichts anderes mehr denken.

Lilly
Das ist mir egal! Ich kann es nicht sagen. (traurig)

Oskar
Ich bin doch dein Freund, und Freunden kann man vertrauen. Wenn du es nicht sagst, dann wird dein Problem immer größer und dann vielleicht viel größer, als es in Wirklichkeit ist. Also sag's schon, Lilly.

Dann nimmt Lilly ihren ganzen Mut zusammen. Sie schaut Oskar an, atmet tief durch und erzählt.

Die Kinder erzählen die Geschichte zu Ende. Sie machen sich Gedanken darüber, welche Gründe es wohl geben könnte, dass es Lilly nicht gut geht. Danach wird ein Rollenspiel vorbereitet. Die Kinder können ihre eigenen Ideen und Erfahrungen einbringen. Sie bekommen mit, dass es erleichternd sein kann und das Problem schneller gelöst wird, wenn man sich vertrauten Menschen öffnet.

Modul 4: Krank und gesund

„Ich achte auf meine Gesundheit."

1. Tag: Mir geht's nicht gut.
2. Tag: So geht's mir wieder besser.

In diesem Modul wird die Bedeutung von Krankheit und der Umgang damit thematisiert. Den Kindern wird vermittelt, dass krank sein oder sich krank fühlen zu unserem Leben gehören und dass unser Körper uns super schützen oder wieder gesund machen kann (Immunsystem). Es wird herausgearbeitet, dass wir selbst eine Menge für unsere Gesundheit tun können. Da Lilly zu Beginn des Gesundheitstages krank ist, wird ein Gespräch mit Lilly, Oskar, der Erzieherin und den Kindern über Lillys Erkrankung geführt. So werden die Kinder einen emotionalen Zugang zur Thematik bekommen. Sie werden mit Lilly über ihr Befinden sprechen und mit Lilly mitfühlen. Im nächsten Schritt wird es den Kindern dann leichter fallen, über ihre eigenen Erfahrungen mit Krankheiten zu sprechen und ihre aktuelle Befindlichkeit zwischen den Polen „gesund" und „krank" einzuschätzen. Mithilfe des „Schnupfenkreislaufes" kann erlebbar gemacht werden, wie leicht wir es den Viren manchmal machen, sich auszubreiten und zu vermehren.

Am **zweiten Gesundheitstag** wird darüber gesprochen, wie mit dem Kranksein umgegangen wird. Was erleben die Kinder? Was wünschen sie sich? Die Bedeutung von Hausmitteln – bei einer Erkältung mit Fieber z. B. – sollte im Mittelpunkt stehen.

In Zeiten von Epidemien bzw. Pandemien ist das Gespräch über Schutzmaßnahmen notwendig. Hier muss aktuell entschieden werden, inwieweit die gültigen Maßnahmen geübt werden können und sollten. Wichtig ist, dass den Kindern die Angst vor den Viren genommen wird und sie auf das Leben mit Risiken vorbereitet werden.

Die Kinder spielen in kleinen Gruppen (drei bis vier Kinder), wie ein erkältetes Kind zu Hause umsorgt und gepflegt wird. Die vorher besprochenen Möglichkeiten werden nachgespielt, das benötigte Material bereitgestellt (z. B. ein Thermometer, Tee oder Saft, Wadenwickel, ein Buch zum Vorlesen).

Am Ende kann sich jedes Kind ein Wunschrezept zusammenstellen und mit nach Hause nehmen. Aus der Kopiervorlage können die wichtigsten Hausmittel zum Ausschneiden und Kleben ausgewählt werden.

1. Tag: Mir geht's nicht gut.

Lernziele

Die Kinder tauschen sich über ihre Erfahrungen mit Erkältungskrankheiten aus. Viren als Verursacher von Krankheiten werden erklärt und die Ansteckungsgefahr am Beispiel des „Schnupfenkreislauf" demonstriert und gespielt.

Verlauf	Methodisch-didaktische Hinweise	Material
Einführung Begrüßung und Einführung in das Thema durch Oskar. Singen des Projektliedes	Oskar begrüßt alleine die Kinder und wundert sich, dass Lilly solange schläft.	Logo Matten Lied Stilleschild Decke, unter der Lilly schläft
Bewegung und Entspannung Bewegungsübung „Ich-bin-ich" Entspannungsübung „Wettermassage"	Lilly ist immer noch unter der Decke. Oskar ist bei Lilly.	**Material 1.3** **Material 4.1** Matte
Gesundheit und Krankheit	Zusammenhang von Gesundheit und Krankheit. Die Kinder können zwischen den zwei Polen „gesund" und „krank" ihre Befindlichkeit eintragen. Im Gespräch darüber erzählen die Kinder, wie es ihnen geht oder wann sie krank waren und warum. Die Bilder aus Material 4.3 können dazu eingesetzt werden.	**Material 4.2** **Material 4.3**
Lilly ist erkältet	Als die Erzieherin Lilly aufdeckt, wird klar, dass sie sich nicht gut fühlt. Oskar, die Erzieherin und die Kinder fragen nach, wie sich Lilly gerade fühlt. Sie hat Schnupfen.	
Woran ich eine Erkältung erkenne	Schnupfentest Anschließend weitere Symptome von Erkältung sammeln, evtl. Bilder verwenden	duftende Taschentücher **Material 4.3**
Wie sich Lilly angesteckt hat Der Schnupfenkreislauf	Gespräch Oskar – Lilly Gespräch über die Vorstellungen der Kinder, wie man sich eigentlich ansteckt. Erzieherin erläutert den Schnupfenkreislauf, anschließend Rollenspiel. Die Kinder können das Bild ausmalen.	**Material 4.4** Viren (Igelbälle) **Material 4.5**
Wie ich mich heute fühle Die Kinder malen „ihr Gesicht" aus. Gespräch und Ablage in die „Ich-bin-ich-Mappe".		**Material 2.3**
Blitzlicht und Abschlusskreis		Siehe Modul 1, Tag 1

Material 4.1

Entspannungsübung „Wettermassage"

Die Kinder finden sich in Paaren zusammen. Ein Kind legt sich auf den Bauch, die Arme neben dem Körper ausgestreckt, und kommt zur Ruhe. Das andere Kind setzt sich daneben und macht die Handbewegungen zu den „Wettersituationen", die die Erzieherin vorgibt, auf dessen Rücken nach. Anschließend wechseln sich die Kinder ab.

Die Erzieherin weist die Kinder darauf hin, dass alle Bewegungen liebevoll ausgeführt werden. Sie erklärt, dass ein Kind dem anderen etwas Gutes tun will und seinen Rücken mit Vorsicht behandelt.

Folgende Wettersituationen können dargestellt und erlebt werden:

Nieselregen – mit den Fingerkuppen leicht und schnell über den Rücken tippen

Regenschauer – Finger gleiten in Wellenbewegungen über den Rücken

Hagel – mit den Fingerkuppen auf den Rücken drücken

Sturm – die Fäuste kreuz und quer über den Rücken reiben

Sonnenschein – die Hände mehrmals warm reiben und auf den Rücken legen

Blitz – mit der Kante der Hand blitzförmig über den Rücken fahren

Donner – leichtes Klopfen mit den Fäusten

Schneeflocken – zart die Finger nacheinander auf den Rücken legen

Schneedecke – sanft mit den Handflächen über den Rücken streicheln

Die einzelnen Bewegungen aus den Wettersituationen werden mehrmals ausgeführt.

Material 4.2

Gesundheit und Krankheit

Die Erzieherin zeigt den Kindern die Abbildung „Zwischen gesund und krank". Sie erklärt den Kindern den Zusammenhang von Gesundheit und Krankheit am Beispiel des eigenen Wohlbefindens.

Die **Erzieherin** erzählt den Kindern mithilfe eines persönlichen Beispiels, wie sie sich einmal nicht wohlgefühlt hat und wie sich diese Befindlichkeit durch positive Erfahrungen verändert hat.

„Als ich am Freitag morgens meinen Wecker klingeln hörte, hatte ich überhaupt keine Lust aufzustehen. Ich hatte gerade schlecht geträumt und ein wenig Kopfschmerzen. Wenn ich mein Gesicht hier auf die Abbildung legen müsste, wäre es eher auf der Seite von Krankheit gewesen. Schaut mal, vielleicht hier (legt das Bild vom Gesicht auf).

Ihr könnt sehen, dass ich nur ein bisschen das Gefühl von „krank" hatte. Als ich dann geduscht und gefrühstückt hatte, ging es mir besser und dann war ich mehr auf der Seite von „gesund" (legt das Bild erneut auf).

Wichtiger Hinweis: Das ist nur eine Anregung. Die Erzieherin entscheidet natürlich in Abhängigkeit von der Gruppe und der eigenen Situation, welches Beispiel sie auswählt. Es könnte auch von einer anderen Person gesprochen werden. Wichtig ist nur, dass anschaulich gemacht wird, dass wir nie ganz krank und nie ganz gesund sind und dass sich unsere Befindlichkeit auch immer wieder verändert.

Nachdem die Kinder ihre aktuelle Befindlichkeit eingetragen haben (evtl. für die „Ich-bin-ich-Mappe" vorbereiten), wenden sie sich wieder Lilly zu und schauen gemeinsam mit der Erzieherin und mit Oskar nach, ob sie immer noch schläft. Sie erfahren, dass Lilly erkältet ist und Schnupfen hat.

Abbildung: „Zwischen gesund und krank"

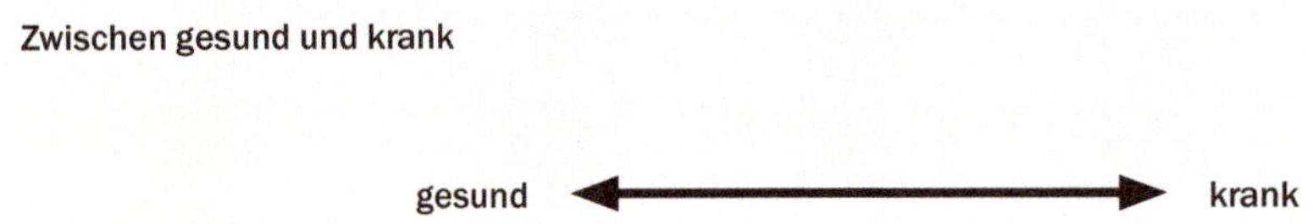

Material 4.3

Der Schnupfentest

Erzieherin

Sicher wart ihr schon einmal erkältet und konntet nicht in den Kindergarten kommen. Meist beginnt so eine Erkältung mit Schnupfen. Hat jemand von euch gerade Schnupfen? Wir wollen das jetzt einmal mit einem kleinen Experiment überprüfen. Also, ich habe hier ein paar Taschentücher, ein paar davon duften. Wir wollen herausfinden, welche das sind. Vielleicht kennt ihr sogar den Geruch.

Jeweils drei Kinder bekommen ein Taschentuch. Schnuppert daran, und dann redet darüber, was ihr gerochen habt. Vielleicht kann auch jemand gar nichts riechen?

Nach dem Experiment werden weitere Symptome von Erkältung gesammelt. Hier kann die Abbildung 4.3 genutzt werden.

Abbildung 4.3

Material 4.4

Wie sich Lilly angesteckt hat

Oskar
Aber Lilly, was ist denn mit dir los? Du siehst nicht gut aus. Bist du krank?

Lilly
Ich habe mich so darauf gefreut, mit dir auf den Spielplatz zu gehen, aber nun… hatschi! (Lilly hustet und niest ganz heftig und Oskar springt ein Stück zurück.) Oskar, bist du jetzt erschrocken?

Oskar
Nein, aber ich habe Angst, dass du mich ansteckst. Wo hast **du** dich denn angesteckt?

Lilly
Ach, wenn du denkst, dass das vom Niesen kommt, da fällt mir etwas ein. Ich war gestern bei meiner Hausärztin. Im Wartezimmer saß neben mir eine Mama mit einem kleinen Kind. Die Kleine hat geweint und viel gehustet und einmal hat sie mich gestreichelt. Ob sie mich angesteckt hat?

Oskar
Bestimmt. Mh, und das kleine Mädchen hat sich sicher auch irgendwo angesteckt. Vielleicht in der Kita? Oder …

Material 4.5

Schnupfenkreislauf

Erzieherin

Was meint ihr? Wo könnte sie sich noch angesteckt haben?
Habt ihr Lust, das einmal nachzuspielen? Das Spiel heißt „Schnupfenkreislauf" und wir werden sehen, wie schnell die Viren weitergegeben werden.
Wir brauchen zwei Kinder, ein Baby, eine Katze und Viren.
Hier sind die Viren (vorbereitetes Material)

Und hier ist das Spiel:

1. Grit wartet im Regen auf ihren Freund Paul. Der Freund kommt nicht. Grit beginnt zu frieren, weil sie keine Regenkleidung anhat. Sie geht nach Hause. Die Viren freuen sich!
2. Am nächsten Tag hat sie Schnupfen. Endlich trifft sie ihren Freund Paul. Grit ist zwar warm angezogen, aber die Viren springen jetzt fröhlich auf Paul über.
3. Paul ist zu Hause, er hat nun auch Schnupfen. Er schnäuzt in sein Taschentuch. Das fällt ihm aber aus der Hand und bleibt auf dem Boden liegen. Die Viren bleiben im Raum.
4. Pauls Katze kommt herein. Sie spielt mit dem Taschentuch und übernimmt nun auch die Viren.
5. Pauls kleiner Bruder krabbelt im Zimmer umher. Er beginnt mit der Katze zu spielen, er nimmt ihr das Taschentuch weg und wischt sich damit über den Mund. Die Viren freuen sich, dass sie weiterwandern konnten.
6. Grit ist wieder gesund und kommt, um den kranken Freund Paul zu besuchen. Sie sieht die Katze und dass Baby, nimmt das Taschentuch weg und spielt mit der Katze. Ihr können die Viren nichts mehr tun.

Material 4.5

2. Tag: Mir geht's wieder besser

Lernziele

Die Kinder erzählen, was ihnen hilft, wenn sie krank sind. Die Kinder spielen einen Krankenbesuch und nutzen dabei bereitgestellte Hausmittel. Sie stellen sich am Ende ein Wunschrezept zusammen.

Verlauf	Methodisch-didaktische Hinweise	Material
Einführung Begrüßung und Einführung in das Thema durch Oskar und Lilly, Singen des Projektliedes		Logo Oskar und Lilly Lied
Bewegung und Entspannung Bewegungsübung „Ich-bin-ich" Entspannungsübung „Dem Frosch geht es nicht gut"		**Material 1.3** **Material 4.6** Matte, Klangschale
Wie Lilly wieder gesund wurde	Geschichte von der kranken Lilly wird vorgelesen. Gespräch: Was hat Lilly geholfen? Was hat der Krähe geholfen? Was machen eure Eltern, wenn ihr erkältet seid? Und was würdet ihr euch wünschen? Bilder anschauen und dazu erzählen lassen.	**Material 4.7** **Material 4.8**
Krankenbesuch	Rollenspiel in Kleingruppen Die Kinder besuchen ein krankes Kind und spielen die vorher besprochenen Möglichkeiten nach. Dabei wird das bereitgestellte Material verwendet.	Material Thermometer (aus Pappe) Tee oder Saft Wadenwickel Schal Obst Buch zum Vorlesen
Mein Wunschrezept	Gespräch: Ihr habt ja schon gesagt, was ihr euch zum Gesundwerden wünscht. Daraus könnt ihr euch nun ein Wunschrezept basteln und mit nach Hause nehmen. Kinder kleben oder malen ihre Wünsche auf das Arbeitsblatt	**Material 4.8** **Material 4.9**
Wie ich mich heute fühle Die Kinder malen „ihr Gesicht" aus. Gespräch und Ablage in die „Ich-bin-ich-Mappe".		**Material 2.3**
Blitzlicht und Abschlusskreis		Siehe Modul 1, Tag 1

Material 4.6

Entspannungsübung „Dem Frosch geht es nicht gut."

Alle Kinder liegen entspannt auf ihrer Matte und atmen ganz ruhig ein und aus – ein und aus. Eure Arme liegen ruhig und schlaff auf der Matte. Eure Beine sind ganz schwer und ihr spürt die Matte unter euch liegen. Wer möchte, darf nun die Augen schließen.

Stellt euch einen kleinen Teich in einem Wald vor. Es riecht so wunderbar nach frischer Waldluft. Die Sonne scheint, die Vögel zwitschern und am Ufer des Teiches wachsen viele bunte Blumen.

Auf einem großen Stein, mitten im Teich liegt ein kleiner grüner Frosch. Er liegt da ganz still und lässt sich die Sonne auf den Bauch scheinen – stellt euch nun vor, dass **ihr** dieser kleine grüne Frosch seid – ganz warm scheint die Sonne auf euren Bauch. Der kleine Frosch fühlt sich ganz müde. Eure Froschbeine liegen ganz schlapp auf dem Stein und bewegen sich kaum. Der kleine Frosch fühlt sich ganz krank. Er hat gar keine Lust zu spielen – er will einfach nur hier liegen. Ganz leise kommt ein kleines „Quak-quak" aus seinem Maul.

In der Ferne hört der kleine Frosch seine Freunde. Sie spielen fröhlich im Wasser und quaken ganz laut vor lauter Freude. So gerne würde der kleine Frosch mit ihnen spielen. Ganz langsam bewegt der kleine Frosch sein erstes Froschbein – dann das zweite Froschbein. Nun bewegt er seine erste Froschhand – und dann die zweite. Der kleine Frosch merkt, wie er immer beweglicher wird – er bewegt seine Froscharme und setzt sich langsam auf. Der kleine Frosch spürt, dass er sich immer lebendiger und gesunder fühlt. Er streckt nochmal seine Arme und Beine aus, um ganz sicher zu sein, dass er wieder richtig fit ist. Er hüpft ein bisschen auf dem Stein auf und ab- und schließlich springt er mit einem großen Satz ins Wasser. Er schwimmt ans Ufer und hüpft zu seinen Freunden. Alle Froschfreunde freuen sich, dass der kleine Frosch wieder gesund ist und hüpfen, laut quakend, um die Wette um den Teich.

Material 4.7

Kranke Lilly

Erzieherin

Heute möchte ich euch von Oskar und Lilly erzählen. Lilly war nämlich auch schon einmal krank. Hört mal, was ihr geholfen hat, gesund zu werden.

An einem wunderschönen Tag, mitten im Sommer – die Sonne schien heiß vom Himmel, gingen Oskar und Lilly spazieren. Sie wollten durch das Feld bis in den Wald gehen und schauen, ob schon die ersten Pilze gewachsen waren. Oskar war voller Freude. Er schwenkte seinen Rüssel hin und her, und sein Schwanz wedelte lustig durch die Luft. Die Wärme der Sonne tat ihm so gut. In seinem Maul trug er ein kleines Pilzkörbchen. Lilly ging es ganz anders. Ihr tat die Wärme gar nicht gut. Sie schwitzte mit ihrem weißen, kuschligen Eisbärenfell. Während Oskar immer schneller lief und sich schon weit von Lilly entfernt hatte, wurde Lilly immer langsamer und konnte nur noch schleichen. Oskar wunderte sich und rief Lilly zu: „Lilly, was ist denn los? Lauf doch mal ein bisschen schneller! Schau mal dort hinten sieht man schon den Wald.“ Lilly antwortete leise: „Ich kann nicht mehr laufen! Der Weg ist mir viel zu weit. Es ist zu heiß und ich habe keine Kraft mehr“. Oskar, der inzwischen stehen geblieben war, wunderte sich: „Aber du hast dich doch so auf unseren Spaziergang gefreut? Was ist denn bloß los mit dir? Zu heiß? Die Sonne?“ Lilly antwortete nicht. Sie hatte sich inzwischen mitten auf den Weg gelegt und bewegte sich nicht mehr. Oskar machte sich nun große Sorgen und lief schnell zu Lilly, um zu schauen, was mit ihr los sei. Lilly hatte die Augen geschlossen und atmete ganz schwer. Oskar stellte sein Körbchen ab und streichelte Lilly mit seinem Rüssel sanft über das Eisbärfell: „Was ist mit dir? Vorhin warst du doch noch ganz gesund und munter. Was ist denn nur passiert?“ Lilly öffnete ein Auge, aber es fiel im gleichen Augenblick wieder zu. Sie öffnete ihr Maul und wollte etwas sagen, aber kein Ton kam heraus. So schwach war sie. „Was soll ich nur machen“, sagte Oskar. „Ich glaube du musst ins Krankenhaus. Aber das ist ja so weit. Noch hinter dem Wald. Wie soll ich dich da bloß hinbringen?“ „Ich will nicht ins Krankenhaus! Ich will nach Hause“, flüsterte Lilly ganz leise. Oskar klopfte vorsichtig auf Lillys Schultern. „Lilly, kannst du versuchen, auf meinen Rücken zu krabbeln? Dann kann ich dich nach Hause tragen.“ „Ich versuche es“, antwortete Lilly. Ganz langsam bewegte sie ihre Arme und Beine. Oskar machte sich ganz klein – so gut ein riesiger Elefant das eben kann – und Lilly krabbelte mit letzter Kraft auf Oskars Rücken. Oskar schob mit seinem Rüssel etwas nach. Vorsichtig, damit Lilly nicht hinunterfallen konnte, stellte sich Oskar wieder auf seine vier großen Elefantenbeine und machte sich langsam auf den Heimweg. Schritt für Schritt – ganz, ganz langsam.

„Lilly, wie geht es dir da oben auf meinem Rücken?“ rief Oskar Lilly zu. „Schon viel besser“, flüsterte Lilly, „es ist so wunderschön, getragen zu werden.“ Als sie ein ganzes Stück gegangen waren, kam ihre Freundin, die Krähe, geflogen und krächzte: „Was ist denn mit Lilly los? Ist sie etwa krank?“ „Ich glaube schon“, sagte Oskar. „Was hast du Lilly, bist du krank?“ schrie die Krähe laut in Lillys Ohr. „Aua, schrei mich nicht so an“, sagte Lilly. „Das tut mir in den Ohren weh. Nun habe ich auch noch Ohrenschmerzen“, jammerte Lilly. „Oh, das tut mir leid“, erwiderte die Krähe. „Entschuldige bitte! Kann ich dir vielleicht helfen?“ „Oh ja“, flüsterte Lilly, „vielleicht kannst du mir mit deinen Flügeln Luft zu wedeln? Dann wäre mir weniger heiß“. „Okay“, erwiderte die Krähe: „Das mache ich gerne für dich!“ Und schon begann sie mit voller Kraft mit ihren Flügeln zu schlagen. „Und? Wie ist das?“ hechelte die Krähe. „Es ist wunderbar“, erwiderte Lilly: „Mach weiter! Der Wind tut mir so gut! Dankeschön, liebe Krähe! Und es ist auch so schön, getragen zu werden. Dankeschön, lieber Oskar! Ich glaube, es geht mir schon etwas besser.“ „Okay“, meinte die Krähe,“ dann mach ich mal weiter mit dem Wind.“ „Ich glaube, ich bin ganz vertrocknet“, jammerte Lilly plötzlich. „Ich habe so großen Durst. Hilfe, ich verdurste!“ „Oje“ sagte Oskar, „bitte nicht verdursten! Warte, wir kommen gleich an einem kleinen Bach vorbei. Da kann ich dir ein bisschen Wasser geben.“ Oskar lief ein bisschen schneller, damit Lilly nicht verdurstet. Die Krähe fächerte Lilly noch schneller und kräftiger Wind zu, und endlich waren sie am Bach angekommen. Oskar nahm einen großen Schluck Wasser mit seinem Rüssel auf, spritzte ihn mit Schwung auf Lilly. Lilly freute sich über diese herrliche Dusche und rief: „Mehr, ich will noch mehr bitte!“ Oskar nahm einen zweiten und einen dritten Schluck und spritze ihn auf Lilly. Inzwischen hüpfte Lilly auf Oskars Rücken auf und ab. Was war denn nur mit Lilly geschehen? War Lilly etwa wieder gesund? Es sah ganz danach aus. Aber nanu! Was war denn mit der Krähe los? Sie lag ganz platt und durchnässt im Gras. Sie hatte sich so sehr angestrengt, hatte so kräftig mit ihren Flügeln geschlagen und bekam dann auch noch das ganze Wasser von Oskar ab. Lilly und Oskar beugten sich verwundert über die Krähe und fragten ganz besorgt: „Was ist los mit dir? Bist *du* jetzt krank?“ Die Krähe konnte sich kaum bewegen und bekam keinen Ton heraus. „Weißt du was, Krähe“, sagte Lilly, „jetzt machen wir *dich* gesund, okay?“ „Oh, ja“, krächzte die Krähe ganz leise. Ganz vorsichtig nahm Lilly die Krähe mit ihren Eisbärpfoten auf und legte sie in das Pilzkörbchen. „Weißt du Oskar, wir nehmen die Krähe mit nach Hause und pflegen sie gesund.“ „Ja, das machen wir“, erwiderte Oskar. „Und morgen, da bin *ich* dann mal krank und ihr kümmert euch um mich, einverstanden?“ „Oh ja“, sagte Lilly, „morgen bist du krank, und wir werden uns um dich kümmern. Und welche Krankheit hast du dann?“ Oskar dachte nach und antwortete: „Das weiß ich noch nicht genau. Vielleicht habe ich Bauchschmerzen, und dann sollt ihr mir den Bauch kraulen und mir einen Bananenbrei zubereiten.“ „Au ja, das werden wir dann für dich tun, lieber Oskar“, sagte Lilly.

Material 4.8

Abbildung „Was mir hilft, gesund zu werden“

Name: Datum:

Material 4.9

Abbildung „Mein Wunschrezept“

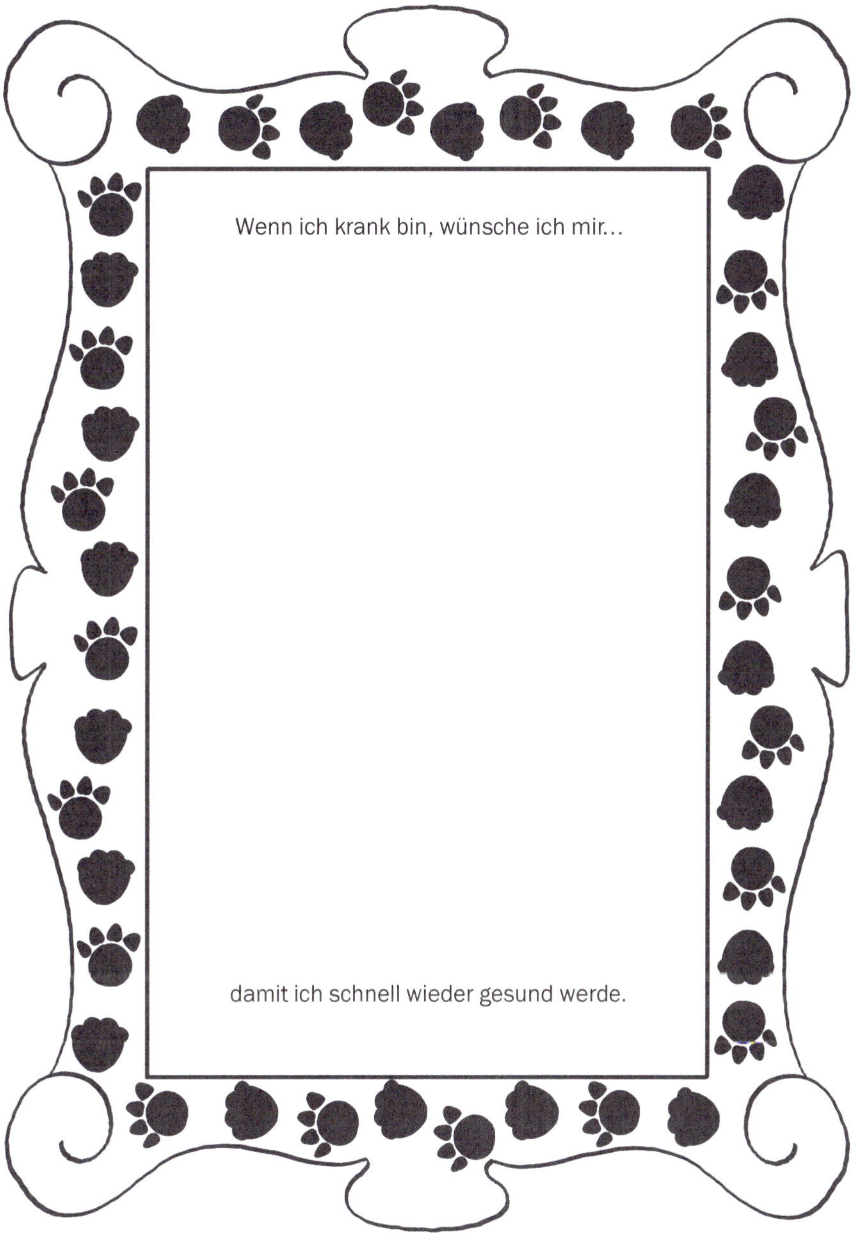

Datum: Name:

Modul 5: Selbstreflexion

„Ich bin ich. So wie ich bin, bin ich okay."

1. Tag: So bin ich.
2. Tag: So bin ich, so bist du.
3. Tag: Meine Familie und ich (Teil I)
4. Tag: Meine Familie und ich (Teil II)

Die Kinder setzen sich intensiv mit ihrer eigenen Persönlichkeit auseinander. Spielerisch reflektieren sie über ihr Aussehen, ihre Eigenschaften und Fähigkeiten, ihre Gewohnheiten und ihre Gefühle – über all das, was sie zu dem einzigartigen Menschen macht, der sie sind.

Durch die Wertschätzung der Individualität wird das Selbstwertgefühl direkt gestärkt. In den Übungen werden die Kinder dazu angeregt, sich selbst bewusst wahrzunehmen, das Besondere an sich zu erkennen und sich den anderen Kindern – in einem „Theaterspiel" – vorzustellen. Dabei erfahren sie: **„Jeder ist anders. Ich bin ich, und du bist du, wir sind okay."** Sie lernen sich selbst und die anderen Kinder besser kennen. Und auch die Erzieherin erlebt die Kinder neu, sie kann ihre Beobachtungen erweitern und diese pädagogisch verantwortungsvoll für die Förderung nutzen.

Durch die **Beschäftigung mit ihrer eigenen Familie und den Familien von anderen Kindern** erhalten die Kinder die Gelegenheit, sich mit unterschiedlichen Lebensentwürfen und Gewohnheiten auseinanderzusetzen. Die Kinder erfahren, dass es außer ihrer Familie, so wie sie sie kennen, noch viele andere Lebensformen gibt. Sie werden angeregt, neugierig und offen auf andere zuzugehen. Auf diese Weise lernen die Kinder, dass jede Familie anders ist und jede Familie ihre eigene ganz individuelle Familienkultur besitzt. Sie werden Gemeinsamkeiten und Unterschiede zur eigenen Familie entdecken.

Diese Auseinandersetzung mit der Vielfalt ihrer Lebenswelt kann mithelfen, Vorurteile bewusst zu machen und abzubauen – eine wichtige Voraussetzung für ein gelingendes Miteinander. Die Kinder erfahren, dass jedes Kind mit all seinen Eigenheiten in der Gruppe willkommen ist. Wenn sich ein Kind willkommen fühlt, dann hat das große Auswirkung auf sein Selbstwertgefühl: Wer spürt, dass er mit allen Eigenheiten wertgeschätzt wird, erlebt das Gefühl von Zugehörigkeit und lernt auf diese Weise, sich selbst für wertvoll zu erachten. Kinder, die nicht Deutsch als Muttersprache haben, finden im Kindergartenalltag oft noch nicht das gleiche Angebot an Identifikationsmöglichkeiten wie deutschsprachige Kinder, weil sie möglicherweise deutsche Lieder und Märchen noch nicht kennen. Dadurch ist es für sie nicht leicht, das Gefühl der Sicherheit und Geborgenheit zu entwickeln, Erfolgserlebnisse zu haben und sich kompetent zu fühlen. Identifikationsmöglichkeiten, Geborgenheit und Erfolgserlebnisse sind elementare Voraussetzungen für die Erhaltung und Weiterentwicklung des Selbstwertgefühls und des Gefühls von Zugehörigkeit. Daher ist es für Kinder mit Migrationshintergrund eine wichtige Erfahrung, dazu eingeladen zu werden, eigene kulturelle oder familiäre Besonderheiten vorzustellen und von Gewohnheiten in ihrer Familie – zum Beispiel dem Feiern von Festen – zu berichten. Das erfüllt die Kinder meistens mit Stolz, und sie erleben diese Zuwendung als Wertschätzung ihrer Person als Ganzes – also auch des familiären Hintergrunds. Dieses Miteinander und die gegenseitige Akzeptanz fördern das Gefühl von Zugehörigkeit zur Gruppe.

1. Tag: So bin ich!

Lernziele

Die Kinder nehmen sich selbst bewusst wahr, reflektieren über ihre Einzigartigkeit und stellen sich den anderen Kindern in einem „Theaterspiel" vor.

Verlauf	Methodisch-didaktische Hinweise	Material
Einführung Begrüßung und Einführung in das Thema durch Oskar und Lilly; Singen des Projektliedes		Logo Oskar und Lilly Lied
Bewegung und Entspannung Bewegungsübung „Ich-bin-ich" Entspannungsübung „Wie sehe ich aus?"		**Material 1.3** **Material 5.1** Matte Musik (siehe Anhang) Stilleschild, Klang-schale
So sehe ich aus Jedes Kind erzählt, wie es sich in der Entspannungsübung gesehen hat. Als Hilfestellung dazu betrachten sich die Kinder in einem Spiegel.	Hierbei wird vor allem auf das Aussehen der Kinder (z. B. Haar- und Augenfarbe) eingegangen.	Spiegel
Die Hauptperson bin ich Die Einzigartigkeit jedes einzelnen Kindes wird hervorgehoben. Anschließend malen die Kinder ein Bild von sich selbst. Sie stellen es den anderen vor und sprechen über ihre Besonderheiten.	Die Erzieherin liest den Brief von Oskar vor.	**Material 5.2** Farbstifte
„Und ganz doll mich" Lied von Rolf Zuckowski	Die Kinder hören und singen gemeinsam das Lied. Sie können sich auch zur Musik bewegen.	Lied (siehe Anhang) Instrument oder CD
Was Oskar und Lilly besonders gut können Die Figuren von Oskar und Lilly werden herumgegeben. Jedes Kind überlegt sich dazu, was die beiden Tiere besonders gut können.	Die Kinder sind immer dann an der Reihe zu erzählen, wenn sie die Tierfigur in der Hand halten.	Oskar und Lilly
Das kann ich besonders gut Die Kinder überlegen, was sie besonders gut können, um diese Interessen, Fähigkeiten, Eigenschaften anschließend auf der „Bühne" den anderen zu zeigen.	Wenn einem Kind nichts einfällt, werden die anderen Kinder um Hilfe gebeten: „Was kann … denn eurer Meinung nach gut?"	Rahmen, der als „Bühne" dient, z. B. Puppentheater oder großer Bilderrahmen
Wie ich mich heute fühle Die Kinder malen „ihr Gesicht" aus. Gespräch und Ablage in die „Ich-bin-ich-Mappe".		**Material 2.3**
Blitzlicht und Abschiedsritual		Siehe Modul 1, Tag 1

Material 5.1

Entspannungsübung „Wie sehe ich aus?“

Erzieherin

Lege dich hin und mach es dir so gemütlich wie möglich. Komm zur Ruhe. Atme einmal ganz tief ein und wieder aus. Noch einmal ein und wieder aus. Entspanne dich. Spürst du, wie schwer deine Arme und deine Beine werden? Kannst du den Boden unter deinem Rücken und unter deinen Beinen fühlen?

Ich schlage jetzt die Klangschale (oder Ähnliches), und wenn der Ton langsam ausklingt, schließt du deine Augen (Musik einblenden).

Siehst du die Tür dort hinten? Langsam öffnest du diese Tür und gehst hindurch. Auf der anderen Seite siehst du eine grüne Wiese mit vielen kleinen Hügeln. Du gehst ein Stück über die Wiese. Hinter einem der Hügel entdeckst du Lilly und Oskar. Sie beugen sich beide über einen Bach und sind sehr fröhlich. Was machen sie denn da? Sie lachen und freuen sich, zeigen auf etwas in dem Bach, schauen sich gegenseitig an und dann wieder ins Wasser. Was sie da nur sehen? Jetzt kannst du erkennen, dass sie beide ihr Spiegelbild im Bach betrachten, das dort auf der Wasseroberfläche reflektiert wird, genau wie in einem Spiegel.

„Ich mag meine lange Nase!“, sagt Oskar und bewegt vergnügt seinen Rüssel. „Bis ins Wasser kann ich damit gelangen! Und meine riesigen Ohren finde ich auch super, sie sind so schön grau.“

„Schau nur!“ Lilly hüpft freudig auf und ab: „Meine Augen und meine Nase sind ganz schwarz, ansonsten bin ich überall weiß. Hey, das macht Spaß! Und meine kleine Zunge, sieh nur, Oskar, wie schön rosa sie ist!“

Nun bist du aber neugierig geworden. Du möchtest dich auch anschauen. Du gehst zu Oskar und Lilly und beugst dich ebenfalls über das Bächlein. Schau nur, da erscheint auch dein Spiegelbild auf dem Wasser! Kannst du dich erkennen?

Schau dir genau in die Augen. Was für eine Augenfarbe hast du eigentlich? Sind sie braun oder blau, oder sind sie grün? Hast du lange oder kurze Wimpern? Und wie sehen deine Haare aus? Sind sie gelockt oder glatt, lang oder kurz? Und welche Farbe haben sie?

Kannst du sehen, wie schön und einzigartig deine Lippen aussehen? Sind sie schmal oder hast du breite Lippen? Sind sie geschwungen oder eher gerade?

Und wie sieht deine Nase aus? Ist sie klein oder groß, hast du eine breite oder eine schmale Nase?

Schau dich noch einen Augenblick an. Was gefällt dir am besten? Was magst du besonders gerne an dir? Nimm dein Bild von dir selbst in dich auf.

Nun ist es Zeit für den Rückweg. Du gehst über die Wiese zurück zur Tür. Durch diese Tür kommst du wieder in den Kindergarten. Wenn du so weit bist, dann öffne die Augen und komme wieder hier im Kindergarten an. Recke und strecke dich einmal so weit du kannst und setze dich wieder hin.

Material 5.2

Die Hauptperson bin ich

Die Kinder haben sich nach der Entspannungsübung über ihr Aussehen ausgetauscht. Dazu haben sie sich im Spiegel betrachtet und festgestellt, dass jeder anders aussieht. Die Haarfarbe und Haarstruktur, die Farbe der Haut, die Farbe und Form der Augen, die Form der Ohren und des Mundes – bei allen sind diese Merkmale etwas anders ausgeprägt, doch sie passen perfekt zu jedem einzelnen. Deshalb ist jeder Mensch schön und einmalig.

Erzieherin

Ich habe einen Brief von Oskar bekommen, den ich euch vorlesen möchte. Er spricht in dem Brief zu dir, liebe ... (Namen nennen), zu dir, lieber ... (Namen nennen) usw. (bis alle Kinder genannt worden sind). Die Überschrift heißt: **Die wichtigste Person in deinem Leben – das bist du!**

Die **Erzieherin** liest den Brief weiter vor: „Dich gibt es nur einmal, auch wenn du vielleicht eine ähnliche Nase wie dein Vater hast oder eine Haarfarbe wie deine Mutter oder die gleiche Lieblingsfarbe wie deine Freundin. Du bist einzigartig und unverwechselbar!

Wenn du dich im Spiegel betrachtest, dann siehst du dich – so wie du bist. Es gibt niemanden auf der ganzen Welt, der genauso aussieht wie du. Und es gibt auch niemanden, der sich genauso verhält wie du. Jeder Mensch spricht, lacht, weint, ist wütend und bewegt sich auf seine ganz eigene Art und Weise. Wenn man bedenkt, dass es viel mehr Menschen auf unserer Erde gibt als auf ein Fußballfeld passen, ist das doch sehr erstaunlich! Schön, dass es dich gibt."

Die **Erzieherin** regt nach dem Vorlesen an:

„Wollen wir uns bei Oskar für den schönen Brief bedanken? Danke, lieber Oskar, dass du uns so etwas Schönes geschrieben hast. Wollen wir Oskar auch eine Freude machen? Ich schlage vor, jeder malt ein Bild von sich. Das wird bestimmt ein schönes Geschenk. Ich gebe euch hier ein Blatt Papier. Da ist schon der Bilderrahmen aufgedruckt. Versucht mal, in diesen Rahmen ein Bild von euch zu malen."

Wenn das Bild fertig ist, stellen es die Kinder sicher gerne den anderen vor. Sie könnten beispielsweise Oskar ihr Bild überreichen und es dabei kurz erläutern. Die Erzieherin fragt Oskar, ob die Bilder im Gruppenraum ausgestellt werden dürfen. Eine Kopie der Bilder kann jedes Kind in seine „Ich-bin-ich-Mappe" heften.

Material 5.2

Datum: Name:

2. Tag: So bin ich, so bist du.

Lernziele

Die Kinder reflektieren über Gemeinsamkeiten und Unterschiede in der Gruppe. Sie erkennen, dass jedes Kind einzigartig ist.

Verlauf	Methodisch-didaktische Hinweise	Material
Einführung Begrüßung und Einführung in das Thema durch Oskar und Lilly; Singen des Projektliedes		Logo Oskar und Lilly Lied
Bewegung und Entspannung Bewegungsübung „Ich-bin-ich“ Entspannungsübung „Ich sehe anders aus als du“		**Material 1.3** **Material 5.3** Matten Musik (siehe Anhang) Stilleschild, Klangschale
Was wir gemeinsam haben Die Kinder ordnen sich verschiedenen Eigenschaften zu. Kinder mit jeweils gleichen Merkmalen treffen in verschiedenen Ecken des Raumes zusammen, betrachten sich und tauschen sich über ihre Gemeinsamkeiten aus.	Schilder, die unterschiedliche Eigenschaften (z. B. äußerliche Merkmale, Interessen und Fähigkeiten) zeigen, werden vorbereitet und im Raum verteilt. Die Kinder laufen im Zimmer umher und entscheiden, welches Merkmal zu ihnen gehört. Kinder mit gleichem Merkmal treffen sich so in einer Gruppe. Die Kinder können sich auch eigene Kriterien ausdenken.	Gemalte oder beschriebene Schilder mit den verschiedenen Merkmalen (z. B. „blaue Augen“, „grüne Augen“, „braune Augen“)
Das bin ich Die Kinder kneten eine Figur, die ihre eigene Person darstellt.	Bei dieser Aufgabe sind der Kreativität der Kinder keine Grenzen gesetzt. Es kann sich auch um eine Fantasiefigur handeln (z. B., wie das Kind sich sehen möchte).	Modelliermasse (Knete, Fimo, Ton, Salzteig o. Ä.)
Präsentation Die Kinder schauen sich ihre gekneteten Figuren gemeinsam an, vergleichen sie und heben das Besondere bzw. Einzigartige der jeweiligen Figur hervor.	Es wird darauf geachtet, dass die individuellen Knetarbeiten Anerkennung und Wertschätzung erfahren. Jedes Kind stellt seine Figur den anderen vor. Anregung: Fotos der Figuren für die „Ich-bin-ich-Mappe“	Knetfiguren
„Kalle, Heiner, Peter“ – Jeder ist etwas Besonderes Lied von Gerhard Schöne	Das Lied ist geeignet, um hervorzuheben, dass jedes Kind etwas besonders gut kann, wofür es Wertschätzung verdient.	Liedvorschlag (siehe Anhang)
Wie ich mich heute fühle Die Kinder malen „ihr Gesicht“ aus. Gespräch und Ablage in die „Ich-bin-ich-Mappe“.		**Material 2.3**
Blitzlicht und Abschiedsritual		Siehe Modul 1, Tag 1

Material 5.3

Entspannungsübung „Ich sehe anders aus als du."

Erzieherin

Lege dich auf deine Decke (Matte). Mache es dir ganz bequem. Strecke und recke dich einmal ganz doll. Dann mache es dir so richtig gemütlich. Ich schlage jetzt die Klangschale (oder Ähnliches) an, und während des Tons wirst du ganz ruhig. Du kannst deine Augen schließen oder offenlassen. Atme jetzt ruhig ein und wieder aus, und noch einmal ein und wieder aus, und noch einmal einatmen und ausatmen.

Heute wollen wir wieder auf eine Reise gehen. Stell dir vor, du stehst auf einer wunderschönen Wiese. Du kannst einen kleinen schmalen Weg sehen, der über die Wiese führt. Und du folgst diesem Weg. Da sind Blumen in vielen verschiedenen Farben, Größen und Formen. Du kannst hingehen und sie genauer anschauen.

Doch was ist das? Ein Geräusch! Du schaust dich um. Dann siehst du hinter einem der Bäume Oskar, den Elefanten. Was macht Oskar denn hier? Du gehst zu ihm und willst ihn begrüßen. Kannst du erkennen, dass Oskar noch jemanden mitgebracht hat? Es ist ein kleiner Junge. Oskar stellt ihn dir vor: „Das ist Tom, und er ist genauso alt wie du!" Tom freut sich, dich kennen zu lernen, und auch du findest Tom sehr nett. Du schaust ihn dir genau an. Wie sieht er aus?

Tom hat einen roten Pullover an, und du trägst heute deinen Lieblingspulli. Welche Farbe hat er? Auch Toms Schuhe sehen anders aus als deine. Außerdem hat Tom eine ganz andere Haarfarbe als du, und seine Augen sind braun. Und deine? Welche Farbe haben deine Augen? Natürlich habt ihr beide eine Nase mitten im Gesicht. Aber Tom findet, seine Nase ist viel größer als deine.

Auch Oskar sieht ganz anders aus als du und Tom. „Ich bin ja auch ein Elefant und habe einen Rüssel als Nase", sagt Oskar. „Ihr beide seid Kinder, aber trotzdem seht ihr unterschiedlich aus!" Jedes Kind sieht anders aus. Es gibt kein Kind, das aussieht wie das andere. Und es gibt keinen, der so aussieht wie du.

Du möchtest gern mit Tom und Oskar etwas spielen, aber es wird Zeit, wieder nach Hause zurückzugehen. Du verabschiedest dich von den beiden und gehst los. Du findest den Weg allein wieder zurück. Bald bist du wieder auf der Wiese, von der du losgegangen bist. Hier kannst du dich noch einmal kurz umschauen.

Von der Wiese kommst du nun wieder langsam in diesen Raum zurück. Du bist wieder im Kindergarten. Du spürst deine Hände und deine Füße (...) deine Arme (...) und Beine (...) deinen Rücken (...) deinen Kopf (...). Dann öffnest du ganz langsam deine Augen.

Hinweis: Die Auslassungszeichen (...) bedeuten, dass zwischen den Worten eine angemessene Pause gemacht wird, damit die Kinder Zeit haben, die angesprochenen Körperteile zu spüren.

3. Tag: Meine Familie und ich (Teil I)

Lernziele

Die Kinder denken über ihre Familien nach und stellen diese den anderen vor. Dabei wird deutlich, dass jede Familie einzigartig ist und sich von den anderen unterscheidet. Es werden aber auch viele Gemeinsamkeiten gefunden.

Verlauf	Methodisch-didaktische Hinweise	Material
Einführung Begrüßung und Einführung in das Thema durch Oskar und Lilly; Singen des Projektliedes		Logo Oskar und Lilly Lied
Bewegung und Entspannung Bewegungsübung „Ich bin ich" Entspannungsübung „Die atmende Kette"		**Material 1.3** **Material 5.4** Matten Musik (siehe Anhang) Stilleschild, Klangschale
Das ist meine Familie Die Kinder suchen aus den Figuren ihre Familienmitglieder aus, kleben sie auf und malen sie anschließend aus.	Die Figuren können bereits im Vorfeld ausgeschnitten werden. Das Ausmalen kann auch nach der Stunde fortgesetzt werden. Die Kinder werden ermuntert, fehlende Kleidungsstücke, z. B. Kopftuch oder Hut, zu ergänzen.	**Material 5.5** Papier Kleber ggf. Schere, Farbstifte
Ich zeig euch meine Familie Die Kinder stellen der Gruppe ihre Familienbilder vor.	Tipp: Die Bilder in der „Ich-bin-ich-Mappe" aufbewahren.	**Material 5.5** Familienbilder
Die Familien von Lilly und Oskar Oskar und Lilly erzählen den Kindern über ihre Familien.		**Material 5.6**
So ist es in meiner Familie Bei dieser Übung können die Kinder mehr über die Familien der anderen Kinder erfahren. Zwischendurch tanzen die Kinder. Die Erzieherin spielt dazu auf der Gitarre oder einem anderen Instrument. Sie kann auch eine passende Musik auswählen. Nach ein bis zwei Minuten wird die Musik gestoppt.	Beim Musikstopp wird jeweils eine Frage gestellt, die die Kinder für sich mit Ja oder Nein beantworten können. Sie gehen in die „Ja-" bzw. „Nein"-Ecke im Raum. Die Erzieherin fragt ggf. bei manchen Kindern interessiert nach, z. B. „Welche Sprache sprecht ihr denn zu Hause außer Deutsch?" „Kannst du ein Beispiel nennen, welche Musik ihr zu Hause hört?"	**Material 5.7** Instrument oder mit Musik, (Vorschlag für Kindertänze siehe Anhang)
Wie ich mich heute fühle Die Kinder malen „ihr Gesicht" aus. Gespräch und Ablage in die „Ich-bin-ich-Mappe".		**Material 2.3**
Blitzlicht und Abschiedsritual	Wichtig: Die Kinder werden aufgefordert, für den nächsten „Ich-bin-ich-Tag" etwas von ihrer Familie mitzubringen, z. B. ein Foto, einen Gegenstand, den sie besonders lieben, Musik bzw. ein Lied, das sie zu Hause gerne hören (evtl. eine CD).	Siehe Modul 1, Tag 1 Einen kleinen Notizzettel für die Eltern mitgeben

Material 5.4

Entspannungsübung „Die atmende Kette“

Die Erzieherin legt sich auf den Boden und winkelt die Beine an. Ein Kind legt sich mit dem Kopf auf ihren Bauch und winkelt ebenfalls die Beine an. So fahren alle Kinder fort, bis jedes Kind mit dem Kopf auf dem Bauch eines anderen liegt und eine lange Kette entstanden ist. Auf diesem lebendigen Kissen machen es sich alle gemütlich und kommen zur Ruhe. Die Arme liegen entspannt neben dem Körper. Die Kinder spüren, wie ihr Kopf durch das Atmen des anderen sanft auf und ab bewegt wird. Beim Einatmen hebt sich der Kopf, beim Ausatmen senkt er sich wieder.

Die Kinder stellen sich vor, dass sie eine lebende Kette sind: Jeder ist ein wichtiger Teil von ihr. Die Kette liegt in der Sonne und glitzert in vielen bunten Farben. Die Sonnenstrahlen wärmen sie.

Die Kinder liegen ruhig und friedlich da und genießen die Nähe der anderen, bis sie langsam wieder zurückgeholt werden.

Die Entspannungsübung kann mit begleitender Musik durchgeführt werden.

Material 5.5

Das ist meine Familie.

Die Kinder sitzen in Gruppen am Tisch, auf dem die Familienbilder liegen. Es werden so viele Kopien gemacht, dass jedes Kind genügend Figuren zum Aufkleben zur Verfügung hat.

Erzieherin

Heute könnt ihr ein Bild von eurer Familie anfertigen. Ihr müsst es aber nicht malen, sondern dürft dazu die Figuren, die schon auf dem Tisch liegen, benutzen. Schaut einmal hier auf dieses Blatt (die Erzieherin zeigt den Kindern die Abbildung 5.5 mit allen Figuren). Da seht ihr viele verschiedene Personen. Das könnten Mamas und Papas, Omas und Opas, Brüder und Schwestern, Onkel und Tanten und noch weitere Familienmitglieder sein. Diese Figuren habe ich ausgeschnitten und ihr dürft euch so viele nehmen, wie ihr braucht, um die eigene Familie darzustellen.

Nun fangen wir an. Zuerst überlegt ihr, wer zu eurer Familie gehört und sucht für jedes einzelne Mitglied die passende Figur aus. Anschließend legt ihr die Bilder erst einmal auf das Blatt und überlegt euch auch, wo sie stehen sollen. Verteilt die Figuren so, wie ihr es gut findet. Und vergesst nicht, dass ihr selbst auch mit dabei sein müsst. Wenn ihr damit fertig seid, könnt ihr die Figuren aufkleben. Vielleicht möchtet ihr sie noch ausmalen? Wollt ihr, dass euer Haustier auch mit dabei ist? Dann dürft ihr es noch malen.

Die Erzieherin hilft bei der Reihenfolge der Schritte. Sie achtet darauf, dass die Kinder nicht sofort mit dem Aufkleben beginnen, sondern die Figuren erst einmal auf dem Blatt verteilen. Hilfreich ist es auch, wenn die Kinder (oder die Erzieherin) über die Figuren schreiben, um wen es sich aus der Familie handelt.

Auch bei dieser Übung ist es wichtig, keinerlei Wertung vorzunehmen. Die Vielfalt der verschiedenen Familien kann betont werden: Manche Kinder haben sehr viele Personen auf ihrem Blatt, einige haben wenige Familienangehörige aufgeklebt.

Den Kindern wird anschließend die Entscheidung überlassen, ob und was sie von ihrer Familie erzählen wollen. Die Erzieherin geht pädagogisch verantwortungsvoll mit den Geschichten der Kinder um. Sie gibt ihnen den geschützten Rahmen, um eventuell auch über ihre Sorgen sprechen zu können.

Material 5.5

Abbildung Figuren „Familie“

Material 5.5

Material 5.6

Die Familien von Lilly und Oskar

Oskar
„Das ist aber spannend, was ihr da aufgeklebt habt. Was ihr doch für wunderbare Familien habt. Jede Familie ist etwas ganz Besonderes."

Lilly
„Ja, das finde ich auch. Wir würden euch auch gern unsere Familien vorstellen."

Oskar
„Meine Familie ist sehr weit weg. Nur Mama und Papa leben hier. Wir sind nämlich aus Kenia hergekommen. Aber meine Omas und Opas wohnen noch dort. Die sehe ich leider nur sehr selten."

Lilly
„Omas und Opas habe ich auch. Die wohnen am Nordpol. Vielleicht könnt ihr euch ja noch daran erinnern, dass wir einmal dort waren. Am Nordpol wohnen auch noch ganz viele Tanten, Onkels, Cousinen und Cousins von mir. Hier lebe ich zusammen mit meinen Eltern und meinem kleinen Bruder Paul."

Oskar
„Ich habe keinen Bruder und auch keine Schwester. Aber ich habe einen Onkel, der wohnt auch hier. Den gehe ich ganz oft besuchen und spiele dort mit meinen Cousinen. Mama und Papa kommen auch mit, und dann essen wir alle zusammen Obst und Gemüse. Wir Elefanten sind nämlich Pflanzenfresser. Mit der Familie zusammen zu sein, das macht Spaß."

Lilly
„Ich mache auch ganz viele schöne Sachen mit meiner Familie. Am liebsten gehe ich mit meiner Familie schwimmen und dabei fangen wir Fische fürs Abendessen. Manchmal machen wir auch Picknick im Park mit Freunden."

Oskar
„Wir wollen auch gerne wissen, wie es in euren Familien so ist. Dafür haben wir uns ein schönes Spiel ausgedacht."

Material 5.7

So ist es in meiner Familie.

Die Kinder tanzen zur Musik. Beim Musikstopp wird den Kindern eine Frage gestellt, die sie mit Ja oder Nein beantworten können. Die Erzieherin hat dazu eine Ja- und eine Nein-Ecke im Raum eingerichtet, die durch zwei Schilder ausgewiesen werden. „Ja“ könnte z.B. durch eine rote Blume und „Nein“ durch eine grüne Blume symbolisiert sein. Wichtig ist, dass durch die Wahl der Symbole keine Wertung stattfindet. Ein „Nein“ ist nichts Negatives!

Mögliche Fragen lauten:

- Wohnen deine Omas und Opas bei dir in der Nähe?
- Wohnst du mit Mama und Papa zusammen?
- Hast du Geschwister?
- Sprecht ihr zu Hause noch eine andere Sprache außer Deutsch?
- Spielst du mit deiner Familie zusammen?
- Hört ihr zu Hause Musik?
- Esst ihr in der Familie abends gemeinsam?
- Kocht deine Mama oder dein Papa manchmal etwas, das es nur in eurer Familie gibt?
- Tragt ihr zu Hause Kleidung, die im Kindergarten niemand anhat?

Nachdem sich die Kinder zur Beantwortung der Frage in die betreffende Ecke begeben haben, folgt ein kurzes Gespräch. Oft gibt es mehrere Antwortmöglichkeiten, und die Kinder bekommen erst durch die anschließende Unterhaltung die Gelegenheit, ihre Familie vorzustellen. Außerdem sollte anhand der gebildeten Gruppen hervorgehoben werden, mit wie vielen – und jeweils unterschiedlichen – Kindern die Gemeinsamkeiten geteilt werden.

4. Tag: Meine Familie und ich (Teil II)

Lernziele

Am Ende des vorhergehenden Gesundheitstages waren die Kinder gebeten worden, ein Familienfoto oder etwas anderes aus ihrer Familie von zu Hause mitzubringen. Diese Mitbringsel werden vorgestellt und bewundert. Die Kinder tauschen sich über die Vorlieben und Interessen ihrer Familien aus. In Gruppen mit Kindern aus verschiedenen Kulturen wird auf diesen Teil besonderer Wert gelegt.

Verlauf	Methodisch-didaktische Hinweise	Material
Einführung Begrüßung und Einführung in das Thema durch Oskar und Lilly; Singen des Projektliedes		Logo Oskar und Lilly Lied
Bewegung und Entspannung Bewegungsübung „Ich bin Ich" Entspannungsübung „Der fliegende Teppich"		**Material 1.3** **Material 5.8** Matten Musik (siehe Anhang) Stilleschild, Klangschale
Familienvielfalt Jedes Kind stellt vor, was es von zu Hause mitgebracht hat. Die Gruppe schaut sich gemeinsam die Mitbringsel an.	Auch hier wird wieder die Vielfalt herausgearbeitet. Wichtiger Hinweis: Es sollte im Vorfeld sichergestellt werden, dass jedes Kind etwas zum Zeigen mitgebracht hat. Falls ein Kind nichts hat, sollte die Erzieherin für eine Alternative sorgen (z. B. ein Familienfoto aus dem Portfolio des Kindes).	Familienfotos u. a. Mitbringsel der Kinder
Wir tanzen zu unserer Lieblingsmusik Zu jedem Lied, das die Kinder mitgebracht haben, wird gemeinsam getanzt. Dabei kann das jeweilige Kind den anderen typische Bewegungen und Tänze zeigen und beibringen.	Jedes Lied wird berücksichtigt, auch wenn es nur angespielt wird. Oskar und Lilly tanzen mit.	evtl. CDs der Kinder
Mein Lieblingsfest Die Kinder tauschen sich darüber aus, welches Fest sie am liebsten mit ihrer Familie feiern und erzählen, wie bei ihnen gefeiert wird. Anschließend malen die Kinder das Fest oder einen typischen Gegenstand, der die Feier charakterisiert.	In der Gesprächsrunde wird z. B. auch über die Kleidung, die beim Fest getragen wird, und über das Essen, das es zur Feier gibt, erzählt.	Papier Stifte
Wie ich mich heute fühle Die Kinder malen „ihr Gesicht" aus. Gespräch und Ablage in die „Ich-bin-ich-Mappe".		**Material 2.3**
Blitzlicht und Abschiedsritual		Siehe Modul 1, Tag 1

Material 5.8

Entspannungsübung „Der fliegende Teppich“

Erzieherin

Lege dich hin und mache es dir so gemütlich wie möglich. Komm zur Ruhe. Atme einmal ganz tief ein und wieder aus. Noch einmal ein und wieder aus. Entspanne dich. Spürst du, wie schwer deine Arme und deine Beine werden? Kannst du den Boden unter deinem Rücken und unter deinen Beinen fühlen?

Ich schlage jetzt die Klangschale (oder Ähnliches), und wenn der Ton langsam ausklingt, schließt du deine Augen (Musik einblenden).

Stell dir vor, du liegst auf einem kuschelig weichen fliegenden Teppich. Es weht ein leichter warmer Wind und pustet dir ein bisschen um die Ohren. Vorsichtig hebt er deinen Teppich an und lässt ihn in die Luft steigen. Ganz langsam steigt der Teppich mit dir immer höher und höher. Gemütlich schaukelnd fliegst du mit deinem Teppich über deine Stadt. Unten auf den Straßen siehst du die Menschen gehen. Du fliegst gerade so hoch, dass du sie noch gut erkennen kannst. Auf dem Fußweg siehst du eine Familie, die vom Einkaufen kommt. Die Mama und der Papa tragen nämlich große Einkaufstüten in den Händen. Die beiden Kinder hüpfen fröhlich vor ihnen her. Als du um die Ecke fliegst, kommst du an einem Spielplatz vorbei. Hier sind ganz viele Eltern mit ihren Kindern. Auf der Wiese nebenan spielt eine große Familie mit fünf Kindern Verstecken. Dabei lachen sie ganz laut.

Nun fliegst du an Häusern vorbei. Bei einem Haus kannst du in ein Fenster schauen. Du siehst einen Papa, der gerade etwas Leckeres kocht. Am Tisch sitzt die Oma mit einem kleinen Kind auf dem Schoß. Die Oma hat ein Buch in der Hand. Ob sie dem Kind etwas vorliest? Im Haus gegenüber kannst du sehen, wie drei Schwestern ihren Eltern etwas vortanzen. Die Eltern freuen sich und klatschen in die Hände. Du kannst gerade noch sehen, wie die Eltern aufstehen und mittanzen. Das sieht lustig aus.

So fliegst du mit deinem Teppich noch ein wenig weiter. Du hast heute sehr viele verschiedene Familien gesehen. Das hat Spaß gemacht. Nun wird es Zeit, wieder in den Kindergarten zu fliegen.

Komm langsam zu uns in die Gruppe zurück. Du spürst jetzt wieder den Boden unter deinem Körper. Du bist wieder bei uns in der Gruppe. Atme ein paar Mal tief durch, wenn du soweit bist, öffne deine Augen und räkle und strecke dich.

Modul 6: Gefühle

„Ich erkenne und achte meine und deine Gefühle."

1. Tag: Ich bin glücklich.
2. Tag: Ich bin traurig.
3. Tag: Ich bin wieder glücklich.
4. Tag: Die Welt der Gefühle
5. Tag: Manchmal habe ich Angst.
6. Tag: Alle meine Gefühle sind wichtig, aber nicht alle sind schön.

Alles, was Menschen tun und denken, hat eine mehr oder weniger starke emotionale Komponente. Viele Entscheidungen werden „aus dem Bauch heraus" getroffen und sind – wie inzwischen bekannt ist – nicht die schlechtesten (vgl. Gigerenzer 2008). Die **emotionale Entwicklung** nimmt unter den Bildungszielen, die für den Elementarbereich formuliert werden, eine herausragende Rolle ein.[2] Emotionen wie Unlust bzw. Ekel, wenn sie schädlichen Einflüssen ausgesetzt werden, und Wohlbehagen bzw. freudige Erregung bei guten neuen Eindrücken bringen Kinder bereits mit auf die Welt. Freude ist bei kleinen Kindern sehr früh zu beobachten, wenn sie die Aufmerksamkeit und Zärtlichkeit ihrer vertrauten Bezugspersonen erhalten. In den ersten Lebensjahren entwickeln sich differenzierte Gefühle – vorausgesetzt, die Bezugspersonen sind fähig, den Gesichtsausdruck und die kindlichen Körperreaktionen in ihrem eigenen Verhalten zu spiegeln und angemessen zu reagieren.

Wie Kinder ihre Gefühle herausbilden, wie sie sie wahrnehmen und damit umgehen – das alles geschieht in Abhängigkeit von ihrer Lebenswelt. Gefühle wie Ärger, Trauer, Stolz oder Scham entstehen in den ersten Lebensjahren, und zwar in den sozialen Kontakten. Das wiederum bedingt kulturelle Unterschiede, aber auch zeitliche Veränderungen beim Umgang mit Gefühlen. Schon im Vorschulalter können Kinder lernen, ihre Gefühle zu verbalisieren und ihren Gefühlsausdruck zu kontrollieren und zu regulieren. Gleichzeitig entsteht auch die Fähigkeit, die Gefühle anderer Menschen wahrzunehmen. Die Kinder lassen sich von Gefühlen anstecken (ein Kind weint, und die anderen weinen mit – auch dann, wenn sie den Anlass nicht kennen) und verhalten sich empathisch (das weinende Kind wird getröstet).

Die Corona-Pandemie 2020/2021 hat die Lebenswelt der Familien stark beeinträchtigt und Gefühle wie Angst, Isolation und Pessimismus ausgelöst. Diese belastende Situation kann langfristig auch die psychische Gesundheit von Kindern beeinträchtigen, was zukünftig noch höhere Anforderungen an die pädagogischen Fachkräfte stellen wird.

Emotionale Erziehung ist ein zentrales, aber auch ein herausforderndes Thema. Deshalb sind dafür **sechs „Ich-bin-ich-Tage"** geplant (Es kann gern auch noch ein Tag mehr dazu genutzt werden. Die Erzieherin entscheidet, wie wichtig diese Thematik für ihre Gruppe ist.). Begonnen wird mit dem **Gefühl der Freude.** Die Kinder üben sich im Erkennen des Ausdrucks von Freude und reflektieren, durch welche Mimik oder Gestik sich dieses Gefühl äußert. Sie berichten einander, was sie glücklich macht und Freude auslöst. Danach wird das **Gefühl der Traurigkeit** mit den Kindern erarbeitet. Pantomime-Spiele eignen sich dazu besonders gut. Die Kinder lernen, dass jeder Mensch diese Gefühle erlebt und werden ermuntert, von sich selbst zu erzählen. Sie erfahren, dass die **Gefühle auch wechseln** können und überlegen, wann und

2 Vgl. z. B. Orientierungsplan für Bildung und Erziehung im Elementarbereich niedersächsischer Tageseinrichtungen, S. 14 f.

wodurch dies möglich wird. Die Kinder erkennen, dass sie etwas tun können, um sich selbst und andere glücklich zu machen. Bei der Auseinandersetzung mit dem **Gefühl der Angst** erfahren sie, dass dies eine ganz normale Emotion ist, die jeder Mensch erlebt. Die Kinder erkennen Angst bei sich und anderen. Sie erarbeiten und üben Handlungsmöglichkeiten für angstbesetzte Situationen. Am letzten Gesundheitstag dieses Moduls wird das **Thema „Geheimnis"** angesprochen. Die Kinder üben, gute und schlechte Geheimnisse zu unterscheiden, lernen, wie sie mit schlechten Geheimnissen umgehen können, und üben **„Nein" zu sagen.**

1. Tag: Ich bin glücklich.

Lernziele

Die Kinder nehmen das Gefühl der Freude an sich und an anderen wahr. Sie erkennen, durch welche Mimik oder Gestik sich das Gefühl der Freude äußert und sprechen darüber, was sie glücklich macht.

Verlauf	Methodisch-didaktische Hinweise	Material
Einführung Begrüßung und Einführung in das Thema durch Oskar und Lilly; Singen des Projektliedes.		Logo Oskar und Lilly Lied
Bewegung und Entspannung Bewegungsübung „Ich bin Ich“ Entspannungsübung „Gefühle malen“		**Material 1.3** **Material 6.1** Matte Musik (siehe Anhang) Stilleschild, Klang-schale
So sieht es aus, wenn ich mich freue. Die Kinder überlegen, wie es aussieht, wenn Oskar und Lilly sich freuen. Ihre eigene Fröhlichkeit stellen sie pantomimisch dar.	Entweder bringt jedes Kind eine eigene Idee ein, die alle nachahmen, oder es werden gemeinsam Ideen gesammelt und ausprobiert.	
Fröhlichkeit malen Beim Vorstellen des Bildes erzählt jedes Kind, in welchen Situationen es glücklich ist, oder wann es zuletzt glücklich war.	Die Kinder malen ein glückliches Gesicht.	Papier Stifte
Wer ist denn hier glücklich? Die Kinder schauen sich gemeinsam Bildkarten an und überlegen, welche Gefühle die entsprechenden Gesichter ausdrücken. Im Anschluss suchen die Kinder aus Zeitschriften Bilder von glücklichen Gesichtern heraus und gestalten daraus eine Collage.	Ausgewählte Zeitschriften bereitstellen. Die Kinder können auch Fotos oder Zeitschriften von zu Hause mitbringen. Die Collage kann im Gruppenraum ausgehängt werden. Tipp: Fotografieren für die „Ich-bin-ich-Mappe“.	Bildkarten (siehe Anhang) Fotos Papier, Pappe, Scheren Kleber
Wie ich mich heute fühle. Die Kinder malen „ihr Gesicht“ aus. Gespräch und Ablage in die „Ich-bin-ich-Mappe“.		**Material 2.3**
Blitzlicht und Abschiedsritual		Siehe Modul 1, Tag 1

Material 6.1

Entspannungsübung „Gefühle malen“

Die Kinder finden sich in Paaren zusammen und setzen sich im Schneidersitz mit den Rücken aneinander.

Erzieherin

Mach deinen Rücken ganz lang und gerade. So, dass du den Rücken des anderen Kindes überall an deinem ganzen Rücken spüren kannst. Leg auch deinen Kopf vorsichtig an den Kopf des anderen Kindes. Sitze ruhig und still. Kannst du das andere Kind fühlen? Merkst du, wie warm sich sein Rücken anfühlt? Spürst du auch seine Schultern und seinen Kopf? Nun atme ruhig durch die Nase ein und durch den Mund wieder aus. Und noch mal tief ein und wieder aus, ein und aus.

Kannst du auch spüren, wie das andere Kind atmet? Atmet ihr gleichzeitig oder unterschiedlich? Mit jedem Atemzug bewegt sich euer Oberkörper auf und ab, auf und ab. Bleibt noch eine Weile so sitzen.

Im Anschluss dreht sich eines der Kinder um. Es überlegt sich, ob es mit dem Finger ein fröhliches oder trauriges Gesicht auf den Rücken des anderen Kindes malt. Das andere Kind versucht zu erraten, um welches Gefühl es sich handelt. Danach tauschen die Kinder die Rollen. Dieser Teil der Übung kann mehrmals wiederholt werden.

2. Tag: Ich bin traurig.

Lernziele

Die Kinder nehmen das Gefühl der Traurigkeit an sich und anderen wahr. Sie erkennen, durch welche Mimik oder Gestik sich diese Stimmung äußert. Die Kinder lernen, dass jeder Mensch manchmal traurig ist und erzählen Beispiele.

Verlauf	Methodisch-didaktische Hinweise	Material
Einführung Begrüßung und Einführung in das Thema durch Oskar und Lilly; Singen des Projektliedes		Logo Oskar und Lilly Lied
Bewegung und Entspannung Bewegungsübung „Ich bin ich" Entspannungsübung „Die Sandburg"		**Material 1.3** **Material 6.2** Matte Musik (siehe Anhang) Stilleschild, Klang-schale
Wann bist du traurig und wie sieht das aus? Die Reflexion über die Entspannungsübung wird zum Anlass genommen, mit den Kindern über Situationen und den Ausdruck von Traurigkeit zu sprechen. Das Gefühl der Traurigkeit wird mimisch dargestellt: Warst du schon einmal traurig? Wie geht es dir dann? Wie erkennst du es?	Es wird deutlich, dass jedes Kind schon einmal traurig war oder manchmal traurig ist und woran man das Gefühl erkennen kann. Diese Übung erleichtert es den Kindern, in der anschließenden Übung ein trauriges Gesicht zu malen.	
Traurigkeit malen Die Kinder malen ein trauriges Gesicht. Danach stellt jedes Kind sein Bild vor und erzählt, warum die Person auf seinem Blatt traurig ist. Jedes Kind denkt sich eine Geschichte/Situation aus.	Den Kindern ist freigestellt, ob sie sich selbst oder eine andere Person malen. Anhand der Bilder kann gezeigt werden, dass Traurigkeit viele Gesichter hat.	Papier Buntstifte
Der Zauberstab Die Kinder stellen das Gefühl der Traurigkeit pantomimisch dar. Sie probieren eine traurige Körperhaltung aus. Mithilfe eines Zauberstabes werden sie dann wieder glücklich gezaubert. Die Kinder hören und singen gemeinsam ein dazu passendes Lied.	In diesem Spiel wird nacherlebt, dass Traurigkeit vergeht. *Anregung:* Zur Begleitung kann Musik eingesetzt werden. (Vorschläge dazu im Anhang) Zu dem Lied können die Kinder auch tanzen.	**Material 6.3** Musik Zauberstab (Stock o.Ä.) Vorschlag für Musik (siehe Anhang)
Wie ich mich heute fühle Die Kinder malen „ihr Gesicht" aus. Gespräch und Ablage in die „Ich-bin-ich-Mappe".		**Material 2.3**
Blitzlicht und Abschiedsritual		Siehe Modul 1, Tag 1

Material 6.2

Entspannungsübung „Die Sandburg“

Erzieherin

Lege dich auf deine Matte, so wie es für dich am bequemsten ist. Strecke und recke dich ganz doll. Mach dich so lang, wie du nur kannst, sodass es etwas in den Armen und in den Beinen zieht, aber nicht weh tut. Dann mach es dir so richtig gemütlich. Ich schlage jetzt die Klangschale (oder Ähnliches). Während der Ton ausklingt, schließt du die Augen (oder suchst dir einen Punkt im Raum). Entspanne dich.

Es ist ein sonniger Tag. Du bist mit ein paar Freunden und Oskar und Lilly auf dem Spielplatz. Ihr habt eine wunderschöne, große Sandburg gebaut und mit vielen Steinen, Blumen und Blättern geschmückt. Und jeder von euch hat sogar seinen Namen darauf geschrieben. Stelle dir vor, wie diese schöne Sandburg wohl aussehen mag. Dann geht ihr auf die Wiese und spielt ein bisschen mit dem Ball. Nach einiger Zeit beschließt ihr, zur Burg zurückzugehen. Sie braucht noch einen Graben, den ihr einmal rundherum ziehen wollt.

Aber was ist denn das? Oh je, im Sandkasten, da wo eben noch die Burg stand, ist jetzt nur noch ein Hügel Sand. Die schöne Sandburg ist zerstört. Dir laufen gleich die Tränen über das Gesicht und auch die anderen machen ganz traurige Gesichter. Wie konnte das nur passieren? Ob jemand absichtlich …?

Oskar sagt: „Das ist so traurig! Unsere schöne Sandburg! Wir haben uns so viel Mühe gegeben.“ Da hat Lilly eine Idee: „Wir bauen einfach eine neue Sandburg. Wir hatten doch auch so viel Spaß beim Bauen. Diesmal bauen wir gleich eine mit Graben!“ Alle Kinder sind damit einverstanden und machen sich gemeinsam an die Arbeit. Diese Sandburg soll noch viel schöner werden!

Nun verlasse den Spielplatz und komme langsam zurück in den Kindergarten. Wenn du so weit bist, dann öffne deine Augen. Du bist jetzt wieder bei uns in der Gruppe. Recke und strecke dich und setz dich wieder hin.

Material 6.3

Der Zauberstab

Die Kinder tanzen zur Musik. Wenn die Musik angehalten wird, bleiben sie stehen und stellen das Gefühl der Traurigkeit dar: durch Mimik, Gestik, Körperhaltung oder auch Geräusche.

Wenn die Erzieherin ein Kind mit dem Zauberstab berührt, darf es sich etwas Schönes wünschen, sodass es wieder glücklich wird. Dann bekommt dieses Kind den Zauberstab überreicht und berührt damit ein anderes Kind. Dieses darf sich wiederum etwas wünschen usw. Wenn alle Kinder wieder fröhlich sind, setzt die Musik ein und es wird weitergetanzt.

Varianten

Das Kind mit dem Zauberstab kann auch dem Kind, das es gerade berührt, etwas wünschen, um es wieder glücklich zu machen.

Bei jedem Musikstopp ist jeweils ein anderes Kind an der Reihe, mit dem Zauberstab herumzugehen und alle traurigen Kinder wieder glücklich zu machen.

3. Tag: Ich bin wieder glücklich.

Lernziele

Nachdem sich die Kinder intensiv mit den Gefühlen „Fröhlichkeit“ und „Traurigkeit“ auseinandergesetzt haben, erfahren sie, dass die Emotionen auch wechseln können. Sie überlegen, wann und wodurch dieses möglich wird. In einem Puppenspiel versuchen sie, ihre eigenen Ideen dazu umzusetzen. Die Kinder erkennen, dass sie etwas tun können, um sich selbst und andere glücklich zu machen.

Verlauf	Methodisch-didaktische Hinweise	Material
Einführung Begrüßung und Einführung in das Thema durch Oskar und Lilly; Singen des Projektliedes		Logo Oskar und Lilly Lied
Bewegung und Entspannung Bewegungsübung „Ich bin ich“ Entspannungsübung „Pinseln“	Für diese Übung finden sich die Kinder zu Paaren zusammen. Da sich die Kinder dabei gegenseitig mit einem Pinsel berühren, wird die Geschichte zweimal vorgelesen	**Material 1.3** **Material 6.4** Matte Musik (siehe Anhang) Stilleschild, Klangschale, Pinsel
Musik drückt Gefühle aus Die Kinder tanzen zu Liedern oder Klängen, die durch verschiedene Rhythmen unterschiedliche Gefühle ausdrücken. Im Anschluss benennen die Kinder die Gefühle, die sie während des Tanzens gespürt haben. Es wird darüber gesprochen, dass schlechte Gefühle auch wieder vergehen und man etwas dagegen tun kann, wenn es einem nicht gut geht.	Pantomimenlieder „Der traurige Bär“ von Nena oder Popcorn-Song von Kingsley	Instrumente oder Musik mit verschiedenen Rhythmen, Vorschlag (siehe Anhang)
Wie Lilly Oskar hilft, wieder glücklich zu sein Die Erzieherin führt den Kindern das Puppenspiel vor.	Wie in einem Theaterstück sitzen die Kinder vor einer Bühne. Es wäre hilfreich, wenn eine zweite Erzieherin dabei sein könnte.	**Material 6.5** Figuren Oskar und Lilly
Wir basteln unsere Puppe Die Kinder basteln Handpuppen mit fröhlichen und traurigen Gesichtern.	Jedes Kind benötigt eine Puppe mit einem fröhlichen und einem traurigen Gesicht für das nachfolgende Puppenspiel.	**Material 6.6** DIN A4-Blätter Schere Stifte Kleber Kochlöffel, Wolle
Puppenspiel Die Kinder denken sich ein eigenes Puppenspiel aus und führen es auf. Dabei werden Lösungsmöglichkeiten gefunden, die helfen, Traurigkeit zu überwinden.	Den Kindern wird bewusst, dass Gefühle wechseln können. Den Puppen werden Fragen gestellt wie: „Hallo, wie geht es dir? Warum denn?“ Die Rollen werden möglichst gewechselt.	**Material 6.6** selbst gebastelte Handpuppen
Wie ich mich heute fühle Die Kinder malen „ihr Gesicht“ aus. Gespräch und Ablage in die „Ich-bin-ich-Mappe“.		**Material 2.3**
Blitzlicht und Abschiedsritual		Siehe Modul 1, Tag 1

Material 6.4

Entspannungsübung „Pinseln“

Die Kinder finden sich zu Paaren zusammen. Ein Kind legt sich (eventuell mit hochgekrempeltem Pullover und Hosenbeinen) auf die Matte und lässt die folgende Geschichte und die dazugehörigen Bewegungen auf sich wirken. Das andere Kind verfolgt den Weg des Glückssterns aus der Geschichte mithilfe eines Pinsels auf dem Körper des liegenden Kindes.

Erzieherin

Streiche mit dem Pinsel über den Bauch des Kindes. Hier liegt ein Stern – der Glücksstern. Er sagt: „Hallo, ich bin ein Glücksstern und möchte das Glück durch deinen Körper tragen.“

Langsam streichst du mit dem Pinsel am Arm entlang bis zur Hand. Von hier gehst du wieder hinauf zum Arm und der Schulter. Wandere nun mit dem Pinsel den anderen Arm entlang, hinab zur Hand und dann wieder hinauf bis zur Schulter. Hier war überall der Glücksstern. Du nimmst den Pinsel und streichst sanft ein Bein hinunter, zum Fuß bis zu den Zehenspitzen. Dann machst du dasselbe noch einmal auf dem anderen Bein. Der Glücksstern war nun fast im ganzen Körper.

Nun legst du den Pinsel auf die Stirn des Kindes. Streiche über das ganze Gesicht. Danach wanderst du mit dem Pinsel am Hals hinunter bis zur Brust. Male einen Kreis auf die Brust. Hier ist nun der Glücksstern. Er wärmt den ganzen Körper, die Arme, die Beine, den Bauch und das Gesicht. Der Stern sagt: „Ich mache dich glücklich!“

Die Kinder setzen sich langsam wieder auf und wechseln die Rollen. Die Geschichte wird nun ein zweites Mal vorgelesen.

Material 6.5

Wie Lilly dem Oskar hilft, wieder glücklich zu sein.

Lilly
„Hallo Oskar, wie geht es dir?"

Oskar
„Mir geht es heute nicht gut. Ich bin traurig!"

Lilly
„Aber warum bist du denn traurig, Oskar?"

Oskar
„Ich bin mit Metin, dem Löwen, zum Spielen verabredet, doch er ist nicht zu Hause."

Lilly
„Jetzt ist mir klar, warum du traurig bist.
(Zu den Kindern gewandt:) „Ihr könnt doch jetzt sicher auch verstehen, warum Oskar so traurig ist? Er hat keinen zum Spielen."
(Zu Oskar gewandt:) „Was können wir denn da machen?"

Oskar
„Ich habe keine Ahnung. Aber ich bin so traurig, ich gehe besser nach Hause."

Lilly
„Mmmmm …"
(Lilly überlegt. Dann hat sie eine gute Idee, um Oskar wieder fröhlich zu machen.)
„Warte Oskar, hast du nicht Lust, mit mir ins Schwimmbad zu gehen? Dann können wir zusammen schwimmen."

Oskar
„Au ja, das wäre doch schön, das machen wir, Lilly!"
(Lilly und Oskar gehen los.)

Lilly
„Und, geht es dir jetzt besser, Oskar?"

Oskar
„Ja. Jetzt bin ich wieder fröhlich. Ich freue mich schon auf das Planschen mit dir."

Lilly
„Siehst du! Auch wenn man mal traurig ist, kann man wieder fröhlich werden. Es gibt immer einen Grund zur Freude."

Material 6.6

Wir basteln unsere Puppen.

Jedes Kind bastelt unter Anleitung der Erzieherin zwei Handpuppen – eine mit einem fröhlichen und eine mit einem traurigen Gesicht (Bastelanleitung auf der folgenden Seite).

Für die Handpuppen wird ein Blatt Papier (DIN A4) in vier gleiche Teile geschnitten. Aus jedem Viertel entsteht dann eine kleine Puppe, die die Kinder auf ihren Zeigefinger stecken können. Es wäre gut, wenn die Erzieherin die Teile mit den Linien zum Knicken schon vorbereitet hat. Die vordere Seite können die Kinder nach dem Kleben selbst bemalen. Die Puppe kann auch aus einem Kochlöffel aus Holz hergestellt werden. Auf die Vorderseite des Löffels malen die Kinder das Symbol für Fröhlichkeit. Die Rückseite bekommt das Bild für Traurigkeit.

Spielanleitung

Erzieherin

In der Geschichte von Lilly und Oskar habt ihr gerade gehört, dass Oskar ziemlich traurig war. Warum war er denn so traurig? Lilly konnte ihn aber wieder fröhlich machen. Wisst ihr noch, wie sie das gemacht hat?

Jetzt könnt ihr euch selbst eine Geschichte ausdenken. Immer zwei Kinder überlegen gemeinsam. Eine von den Handpuppen ist traurig (trauriges Gesicht), die andere Puppe ist fröhlich (fröhliches Gesicht). Die fröhliche Puppe fragt die traurige, warum sie denn so traurig ist. Ja, und dann muss sie überlegen, wie sie die traurige Puppe wieder fröhlich machen kann (Wechsel zum fröhlichen Gesicht). Was meint ihr, wollen wir es versuchen? Ich helfe euch dabei.

Material 6.6

4. Tag: Die Welt der Gefühle

Lernziele

Die Kinder lernen weitere Gefühle kennen. Sie vergleichen die unterschiedlichen Gefühle miteinander und reflektieren, wie sie zum Ausdruck kommen und wann sie das jeweilige Gefühl schon einmal erlebt haben. Die Gefühlswahrnehmung bei sich und anderen wird durch das Spiel mit dem Gefühle-Würfel intensiviert.

Verlauf	Methodisch-didaktische Hinweise	Material
Einführung Begrüßung und Einführung in das Thema durch Oskar und Lilly; Singen des Projektliedes		Logo Oskar und Lilly Lied
Bewegung und Entspannung Bewegungsübung „Ich bin ich" Entspannungsübung „Meer der Gefühle"		**Material 1.3** **Material 6.7** Matte Musik (siehe Anhang) Stilleschild, Klangschale
Malen zur Entspannungsübung Die Kinder malen ihre eigene Welle. Sie überlegen, welche Stimmung (welches Gefühl) damit ausgedrückt wird. Im Anschluss stellt jedes Kind seine Welle vor.	Jedes Kind malt sein eigenes Gefühl.	**Material 6.7** Papier Wachsmalblöckchen
Wie geht es den Kindern? Einleitend wird mit den Kindern gesammelt, welche Gefühle sie kennen: Welche davon sind unangenehm und welche angenehm? Danach versuchen die Kinder, die Gefühle, die die Gesichter auf den vorbereiteten Karten ausdrücken, zu bestimmen.	Die Karten der Gesichter werden ausgebreitet und gemeinsam betrachtet. Bei der Arbeit mit den Karten können verschiedene Varianten erprobt werden. Evtl. schneiden die Kinder selbst aus und kleben die Gesichter auf Pappe.	**Material 6.8** Schere Pappe Kleber
Der „Gefühle-Würfel" Die Kinder würfeln nacheinander. Zu dem jeweils gewürfelten Gefühl erzählt das Kind eine kleine Geschichte. Diese kann von Oskar und Lilly handeln, aber auch von einem persönlichen Erlebnis, mit dem das Kind das betreffende Gefühl verbindet.	Der Würfel kann gemeinsam gebastelt oder von der Erzieherin vorbereitet werden. Variante: Es kann auch verdeckt gewürfelt werden. Dann müssen die anderen Kinder anhand der erzählten Geschichte das jeweilige gewürfelte Gefühl erraten.	**Material 6.9** Schere Kleber
„Wenn du glücklich bist ..." Lied von Gerhard Schöne	Die Kinder singen das Lied und führen die angegebenen Bewegungen aus.	Lied (siehe Anhang) Instrument
Wie ich mich heute fühle Die Kinder malen „ihr Gesicht" aus. Gespräch und Ablage in die „Ich-bin-ich-Mappe".		**Material 2.3**
Blitzlicht und Abschiedsritual		Siehe Modul 1, Tag 1

Material 6.7

Entspannungsübung „Meer der Gefühle"

Erzieherin

Heute machen wir eine ganz besondere Reise. Es ist eine Reise in das Land der Gefühle. Lege dich auf deine Matte – so, wie es für dich am bequemstem ist. Strecke und recke dich einmal ganz doll. Mach dich so lang wie du nur kannst, sodass es etwas in den Armen und in den Beinen zieht, aber nicht weh tut. Dann mach es dir so richtig gemütlich. Ich schlage jetzt die Klangschale (oder Ähnliches) und wenn der Ton ausklingt, schließt du die Augen (oder suchst dir einen Punkt im Raum). Entspanne dich.

Vielleicht siehst du jetzt schon eine wunderschöne Tür. Sie lässt sich ganz leicht öffnen. Die Tür führt hinaus in ein Meer von Farben. Und wenn du bereit bist, dann öffne diese Tür und tauche ein. Du brauchst keine Angst zu haben, die Wellen tragen dich. Suche dir eine Welle aus, die dich mitnehmen darf. Spüre, wie sie dich trägt. Sie hebt und senkt sich – ganz langsam.

Wenn du deinen Blick hebst, dann erkennst du vielleicht Wellen, die anders aussehen als deine. Es gibt große und kleine, wilde und sanfte, helle und dunkle, warme und kalte. Ich möchte dir einige von diesen Wellen vorstellen.

Vor dir siehst du vielleicht schon eine große Welle. Ihr Name ist Freude. Die Freude ist immer gut gelaunt, sodass sie ständig ihre Farbe wechselt: mal gelb, mal weiß und mal orange. Lass dich von ihr ein Stück mitnehmen und spüre ihre Bewegung.

Wenn du geradeaus schaust, dann siehst du vielleicht schon den Ärger. Der Ärger ist eine wilde rote Welle. Er ist immer sehr launisch. Regt er sich auf, wird er immer ganz lila – beruhigt er sich, dann schimmert er nur noch blassrosa. So schnell, wie er gekommen ist, ist er auch schon wieder weg. Verschwunden am Horizont. Kannst du noch die Bewegungen des Meeres spüren, die er hinterlassen hat?

Die letzte Welle, die ich dir vorstellen möchte, ist die Traurigkeit. Die Traurigkeit ist blau oder grau und deshalb nur schwer zu entdecken. Im Gegensatz zu den anderen Wellen ist sie klein und unscheinbar. Ich glaube, ich sehe sie. Ganz weit hinten. Vielleicht kannst du sie ja auch schon erkennen. Allein und einsam bewegt sie sich zwischen den anderen Wellen. Immer und immer wieder wird sie von den großen verdeckt – und hin und her geschubst. Kannst du dir vorstellen, wie sie sich fühlen mag?

Nachdem du jetzt die Freude, den Ärger und die Traurigkeit kennen gelernt hast – schaue dir deine Welle an. Wie sieht sie aus? Und wie fühlt sie sich an? Ist sie groß oder klein, wild oder sanft, hell oder dunkel, warm oder kalt?

Lass dich von deiner Welle zu der wunderschönen Tür zurückbringen – und verabschiede dich. Wenn du so weit bist, öffne die Tür und gehe hindurch. Du kannst jetzt langsam deine Augen öffnen und in den Kindergarten zurückkehren. Bewege deine Arme und deine Beine, schüttle dich einmal. Jetzt setz dich langsam auf und komme hier bei uns in der Gruppe an.

Anleitung zum Malen

Im Anschluss an die Entspannungsübung malt jedes Kind seine eigene Welle. Die Erzieherin empfiehlt den Kindern die Welle, die sie am besten empfinden konnten (die ihrem Gefühl sehr nahekam, die sie am liebsten hatten, die sie am besten sehen konnten), aufs Papier zu bringen. Da hier die Farben sehr wichtig sind, sollten Wachsmalblöckchen verwendet werden. Wer will, stellt seine Welle anschließend den anderen Kindern vor. Wie immer werden die Bilder in der „Ich-bin-ich-Mappe" aufbewahrt. Sie können auch bis zur nächsten Gesundheitsstunde im Kindergarten ausgehängt werden.

Material 6.8

Wie geht es den Kindern?

Die Erzieherin kopiert die Abbildungen der Gesichter (6.8), schneidet sie aus und klebt sie auf Kärtchen. Jedes Kind kann sein Blatt auch selbst ausschneiden und die Gesichter aufkleben.

Die Kinder lernen zu verstehen, dass Gefühle an der Mimik erkannt werden können. Meist gelingt ihnen diese Übung auf Anhieb schon recht gut. Bei einigen Bildern werden sie unterschiedlicher Meinung sein. Das kann zum Anlass genommen werden, darüber zu sprechen, worin z. B. der Unterschied zwischen einem „wütenden" und einem „ärgerlichen" Gesichtsausdruck besteht.

Für die Arbeit mit den Gesichtern sind verschiedene Varianten möglich:

Variante 1

Die Kinder suchen zu einem, von der Erzieherin genannten, Gefühl das passende Gesicht heraus und beschreiben, woran man die Stimmung erkennen kann.

Variante 2

Zu einem bestimmten Gesichtsausdruck auf den Karten nennen die Kinder das passende Gefühl.

Variante 3

Die Bilder werden mit den Gesichtern nach unten ausgebreitet. Jedes Kind zieht eine Karte und stellt dann das abgebildete Gefühl pantomimisch dar, ohne den anderen die Abbildung zu zeigen.

Material 6.8

Material 6.9

Der „Gefühle-Würfel"

Aus der Vorlage (Abb. 6.9) wird – gemeinsam oder vorab von der Erzieherin – der Würfel ausgeschnitten, dann an den Kanten gefaltet und schließlich geklebt.

Die Kinder schauen sich zunächst den Würfel an und besprechen, welche Gefühle darauf dargestellt sind. Die Erzieherin erklärt das Fragezeichen: Wer dieses Symbol würfelt, darf sich ein Gefühl ausdenken – auch eines, das nicht auf dem Würfel abgebildet ist.

Die Kinder würfeln nacheinander. Zu dem jeweils gewürfelten Gefühl erzählt das Kind den anderen eine kleine Geschichte über Oskar und Lilly oder eigene Erlebnisse.

Variante

Die anderen Kinder können nicht sehen, was gewürfelt wurde, und versuchen, an der Geschichte zu erkennen, um welches Gefühl es geht.

Material 6.9

5. Tag: Manchmal habe ich Angst.

Lernziele

Die Kinder setzen sich mit dem Gefühl der Angst auseinander. Sie lernen, dass Angst kein Ausdruck von Schwäche ist, sondern ein ganz normales Gefühl, das jeder Mensch erlebt. Die Kinder erkennen Angst bei sich und anderen und erarbeiten Möglichkeiten, wie sie sich in einer angstbesetzten Situation verhalten können.

Verlauf	Methodisch-didaktische Hinweise	Material
Einführung Begrüßung und Einführung in das Thema durch Oskar und Lilly; Hören und Singen des Projektliedes		Logo Oskar und Lilly Lied
Bewegung und Entspannung Bewegungsübung „Ich-bin-ich" Entspannungsübung „Ballmassage"		**Material 1.3** **Material 6.10** Matte Musik (siehe Anhang) Stilleschild, Klang-schale Igelball Tennisball
Oskar, Lilly und das Monster Die Geschichte handelt von Angstgefühlen und deren Bewältigungsmöglichkeiten.	Die Geschichte wird den Kindern vorgelesen. Dabei können sie nach der Entspannungsübung auf ihren Matten liegen bleiben oder sich hinsetzen.	**Material 6.11**
Ich hatte schon oft Angst. Die Erzieherin spricht mit den Kindern über das Gefühl der Angst. Dabei erinnern sich die Kinder an eigene Angstsituationen.	Anregung: Was ist in der Geschichte passiert? Ging es euch schon einmal ähnlich? Wovor habt ihr Angst?	
Davor hatte ich Angst. Jedes Kind malt ein Bild, das ausdrückt, wovor es einmal Angst hatte. *Wichtig:* Manche Kinder geben es nicht gern zu, dass sie manchmal Angst haben.	Sagt ein Kind, dass es niemals Angst hat, kann es auch eine Situation malen, vor der andere Kinder sich vielleicht fürchten.	Papier Buntstifte
Das hilft mir, wenn ich Angst habe. Die Erzieherin denkt sich vorab einige konkrete Situationen aus, in denen ihre Gruppe Angst haben könnte, oder sammelt Beispiele gemeinsam mit den Kindern. Zu jeder Situation werden Lösungsvarianten besprochen.	Gespielt werden kann zum Beispiel: sich Hilfe holen, sich mutig der Situation stellen, weglaufen etc. Tipp: Es wäre auch ein Rollenspiel möglich, in dem eine Situation und deren Lösung dargestellt wird.	
Wie ich mich heute fühle Die Kinder malen „ihr Gesicht" aus. Gespräch und Ablage in die „Ich-bin-ich-Mappe".		**Material 2.3**
Blitzlicht und Abschiedsritual		Siehe Modul 1, Tag 1

Material 6.10

Entspannungsübung „Ballmassage“

Die Kinder finden sich zu Paaren zusammen. Ein Kind legt sich gemütlich auf die Matte. Das andere Kind massiert mit einem Igelball (bzw. Tennisball o. Ä.) dessen Körper. Dazu kann Entspannungsmusik erklingen.

Einige Minuten wirkt die Massage (zur Musik) auf die Kinder. Anschließend tauschen sie die Rollen.

Anschließend leitet die Erzieherin zur Übung 6.11 „Oskar, Lilly und die Monster“ über: „Ich möchte euch jetzt eine Geschichte erzählen. Bleibt so liegen, wie es für euch gemütlich ist. Die Augen könnt ihr wieder öffnen, wenn ihr möchtet. Oder lasst sie einfach geschlossen.“

Material 6.11

Oskar, Lilly und die Monster

Erzieherin

Es ist schon spät und draußen ist es ganz dunkel. Lilly übernachtet heute bei Oskar, weil seine Eltern nicht zu Hause sind. Oskar guckt einen spannenden Film. Lilly fand den Film doof und hat sich schon ins Bett gekuschelt. Nun sitzt Oskar allein vor dem Fernseher und schaut den Film zu Ende an. Danach geht er zu Lilly ins Zimmer und legt sich in sein Bett.

Sie unterhalten sich noch eine Weile und machen dann das Licht aus. Als es dunkel und still im Zimmer wird, kann Oskar gar nicht aufhören, an den Film zu denken. Oskar sagt: „Lilly, ich kann nicht schlafen. Ich hab so 'ne Angst.“ „Warum denn?“, fragt Lilly. Dann erzählt Oskar weiter: „Ich habe doch diesen Film gesehen. Da war so ein Mann, der aussah wie ein Monster. Der war total böse und hat versucht, alle zu bekämpfen. Das war gruselig, und nun habe ich Angst, dass das Monster auch hierherkommt.“ „Das kann ich verstehen“, sagt Lilly. „Mir hat der Film so viel Angst gemacht, dass ich ihn gar nicht weiterschauen wollte. Mir hilft es immer, wenn ich den Fernseher ausschalte und mir klarmache, dass das nur ein Film ist und die Monster nur von Schauspielern gespielt werden.“ „Stimmt, du hast Recht. Ich habe sogar mal gesehen, wie ein Film gedreht wurde, und da trugen die Schauspieler nur Masken. In Wirklichkeit waren die Monster Schauspieler.“

„Aber dann brauchst du doch keine Angst mehr zu haben“, sagt Lilly. „Das komische Gefühl in meinem Bauch habe ich aber immer noch von dem blöden Film“, sagt Oskar. „Ich bin doch bei dir. Komm doch zu mir rüber, dann kuscheln wir uns ganz eng aneinander und halten uns fest.“ „Oh ja, das ist schön“, sagt Oskar. „Es ist so schön, dass du da bist. Aber was mache ich denn, wenn ich ganz alleine bin und Angst habe?“ Lilly hat da eine gute Idee: „Ich würde das Licht anmachen! So kann man sicher sein, dass da kein Monster im Zimmer ist! Und dann gibt es noch einen Zauberspruch gegen die Angst: Monsterschreck, du Monsterschreck, verdammt noch mal, geh endlich weg, ich habe keine Angst vor dir, bleib weg von mir, sonst zeig ich's dir!“

Oskar und Lilly sagen den Spruch zwei-, dreimal vor sich hin und werden immer lauter dabei (alle Kinder rufen den Spruch mit).

Um ganz sicher zu gehen, seine Angst zu besiegen, nimmt Oskar sich vor, seinen Eltern zu erzählen, wovor er sich fürchtet.

6. Tag: Alle meine Gefühle sind wichtig, aber nicht alle sind schön.

Lernziele

Die Kinder lernen an Beispielen, dass „schlechte“ Geheimnisse bedrücken und dass es besser ist, sie mit einer Vertrauensperson zu teilen. Als Möglichkeit, sich zu schützen, üben die Kinder, „Nein“ zu sagen.

Verlauf	Methodisch-didaktische Hinweise	Material
Einführung Begrüßung und Einführung in das Thema durch Oskar und Lilly; Hören und Singen des Projektliedes		Logo Oskar und Lilly Lied
Bewegung und Entspannung Bewegungsübung „Ich bin ich“ Entspannungsübung „Ausflug zu den Wolken“		**Material 1.3** **Material 6.12** Matte Musik (siehe Anhang) Stilleschild, Klang-schale
Gute Geheimnisse – schlechte Geheim-nisse Mit den Kindern wird geklärt, was ein Geheimnis ist. Sie nennen Beispiele und entscheiden gemeinsam, ob es sich um ein „gutes“ oder ein „schlechtes“ Geheimnis handelt. Mit den Beispielen aus Material 6.13 kann die Übung erweitert werden.	Es wird deutlich gemacht, dass gute Ge-heimnisse Freude machen und schlechte Geheimnisse bedrücken und Kummer bereiten. Schlechte Geheimnisse darf man jemandem weitererzählen und das ist dann kein „Petzen“! Denn dann geht es einem wieder gut.	**Material 6.13**
Das starke Nein Die Erzieherin und die Kinder sprechen darüber, dass es gut und mutig ist, Nein zu sagen, wenn man etwas nicht möchte. Zu diesem Thema kann auch das Buch „Ich bin stark, ich sag laut Nein“ von Susa Apenrade genutzt werden. Die Kinder sammeln verschiedene Mög-lichkeiten, Nein zu sagen und probieren sie aus.	In die Varianten des Nein-Sagens werden Mimik, Gestik und Körperhaltung ein-bezogen. Wichtig: Alle Kinder üben laut und deutlich, Nein zu sagen.	**Material 6.14** Buchtipp (siehe Anhang)
Wie ich mich heute fühle Die Kinder malen „ihr Gesicht“ aus. Gespräch und Ablage in die „Ich-bin-ich-Mappe“.		**Material 2.3**
Blitzlicht und Abschiedsritual		Siehe Modul 1, Tag 1

Material 6.12

Entspannungsübung „Ausflug zu den Wolken"

Erzieherin

Lege dich auf deine Matte, so wie es für dich am bequemsten ist. Strecke und recke dich ganz doll. Mach dich so lang, wie du nur kannst, sodass es etwas in den Armen und in den Beinen zieht, aber nicht weh tut. Dann mach es dir so richtig gemütlich. Ich schlage jetzt die Klangschale (oder ähnliches) an. Während der Ton ausklingt, schließt du die Augen oder suchst dir einen Punkt im Raum. Entspanne dich.

Du liegst auf einer großen grünen Wiese. Neben dir liegen Lilly und Oskar. Das Gras ist weich und duftet, und die Sonne scheint euch ins Gesicht. Ganz entspannt liegst du auf dem Rücken und schaust in den Himmel. Du beobachtest die weißen Wolken, wie sie langsam vorbeiziehen und ständig ihre Form verändern.

Du wirst ganz müde und schläfst ein. In deinem Traum befindest du dich oben auf den Wolken. Sie fliegen so dicht nebeneinander, dass du problemlos von einer zur anderen springen kannst. Du hast gar keine Angst herunterzufallen. Vor dir schwebt eine kleine Wolke, die sich nur ganz langsam bewegt. Sie hat sich zusammengekauert und schwebt abseits von den anderen. Sie tut dir leid, und du fragst sie, was mit ihr los ist. „Ich bin traurig, weil meine Freundin mit mir geschimpft hat. Viel lieber wäre ich fröhlich, so wie die Wolke dort hinten." Sie zeigt dir eine Wolke, die vergnügt zwischen den anderen hin und her springt. Du hast eine Idee: Du nimmst die traurige Wolke an die Hand und gehst mit ihr schnurstracks zur glücklichen Wolke hinüber.

„Jippiiieee!", ruft die glückliche Wolke und fliegt einen Salto. „Ich bin so froh, weil die Sonne scheint und ich mich richtig gut fühle! Los, springt auf und dreht mit mir eine Turborunde. Das wird euch Spaß machen!" Gemeinsam springt ihr auf die fröhliche Wolke. Munter geht es auf und ab. Ihr alle drei findet es so lustig, dass ihr gar nicht mehr aufhören könnt zu lachen.

In einer Kurve kannst du dich nicht mehr halten und plumpst auf eine andere Wolke. Du willst dich bedanken, denn sie hat dich ja aufgefangen. Da bäumt sie sich auf und meckert wütend los: „Kannst du nicht aufpassen? Den ganzen Tag lang muss ich mich schon ärgern!" Lauthals schimpft sie auf die anderen Wolken und fuchtelt wild mit den Armen. Dabei bekommt sie einen ganz roten Kopf.

Du beruhigst sie und sagst ihr, dass es gemein ist, die Wut an anderen auszulassen. Aber einmal so richtig zu schreien tut gut, wenn man fuchsteufelswild ist. „Du hast ja recht", sagt die Wolke, „ich habe mich auch schon beruhigt."

Du verabschiedest dich von der Wolke und schaust dich weiter um. Ganz weit hinten versteckt sich ängstlich eine andere Wolke. Als du näherkommst, siehst du, dass sie sogar zittert. Und als du sie ansprichst, zuckt sie zusammen: „Wer bist du? Was willst du von mir?", flüstert sie. Dann erklärt sie dir, dass sie Angst hat. Sie hat Angst zu fliegen, mit den anderen Wolken zusammenzustoßen oder auf die Erde zu fallen. Und sie hat Angst, dass andere Wolken gemein zu ihr sind.

„Du brauchst doch keine Angst zu haben", mischt sich eine mutige Wolke ein. Aufrecht steht sie vor der ängstlichen Wolke und sagt: „Jeder hat manchmal Angst. Das ist ganz normal, aber die Angst kann man überwinden. Komm, nimm allen Mut zusammen und trau dich mit mir zusammen zu fliegen. Gemeinsam schaffen wir das!" „Du bist aber mutig", sagt die kleine Wolke. „Das will ich auch können. Ich will keine Angst mehr haben, und ich habe auch keine Angst!"

Zusammen trauen sich die beiden Wolken fortzufliegen. Du freust dich über den Mut der kleinen Wolke und siehst sie am Horizont verschwinden.

Dann wachst du aus deinem Traum wieder auf und spürst das weiche Gras unter dir. Während du wieder in den Himmel schaust, denkst du noch einmal über die Wolken nach, die du in deinem Traum kennen gelernt hast.

Nun komme wieder in den Kindergarten zurück. Atme noch mal tief ein und aus. Bewege deine Hände und deine Arme und strecke dich einmal so lang, wie du kannst. Dann öffne langsam wieder deine Augen.

Material 6.13

Gute Geheimnisse – schlechte Geheimnisse

Die Erzieherin fragt die Kinder, ob sie wissen, was ein Geheimnis ist. Die Kinder nennen Beispiele. Um ihnen zu helfen, kann auch die Erzieherin mit einem Beispiel beginnen. Das Ziel der Übung besteht darin, den Kindern den Unterschied zwischen einem „guten Geheimnis" und einem „schlechten Geheimnis" zu erklären und mit ihnen zu besprechen, dass die schlechten Geheimnisse den Eltern oder anderen Vertrauenspersonen erzählt werden dürfen.

Zum Üben dieser Unterscheidung können auch die folgenden Beispiele genutzt werden:

- Oskar malt ein Bild für seinen Papa. Es soll ein Geburtstagsgeschenk werden, und er erzählt niemandem davon.
- Jessica nimmt Lilly ihr Lieblingsspielzeug weg und sagt, dass Lilly niemandem etwas davon sagen darf, sonst würde sie Schläge bekommen. Lilly ist sehr traurig und fürchtet sich.
- Oskars Freundin vergisst beim Spielen auf die Toilette zu gehen und macht in die Hose. Es ist ihr sehr peinlich und sie bittet Oskar, den anderen nichts davon zu erzählen.
- Ihr sitzt zusammen und überlegt, was ihr Lilly zum Geburtstag schenken wollt. Lilly kommt dazu und fragt: „Was flüstert ihr denn da?" Und ihr sagt: „Das ist ein Geheimnis!"
- Aus Versehen fällt Oskar ein Teller runter und er geht kaputt. Ein anderes Kind hat es gesehen und sagt zu Oskar: „Du musst mir jeden Tag einen Lutscher mitbringen. Wenn nicht, sage ich, dass du den Teller kaputtgemacht hast!"
- Ein Erwachsener, den du gut kennst, will dich küssen und streicheln, obwohl du es nicht willst. Er sagt, du darfst niemandem davon erzählen, es sei ein Geheimnis.
- Lillys Mama ist einige Tage verreist. Lilly und ihr Papa machen die ganze Wohnung blitzsauber und stellen Blumen hin. Ihr Papa meint, sie soll der Mama am Telefon nichts davon sagen, damit sie überrascht wird, wenn sie wiederkommt. Lilly freut sich schon auf Mamas Gesicht, wenn sie sieht, was sie mit Papa geschafft hat.

Material 6.14

Das starke Nein

Übung 1

Um zu verdeutlichen, wie unterschiedlich ein „Nein“ wirken kann, spricht die Erzieherin zunächst ein leises, schüchternes und zögerndes Nein und anschließend ein lautes, deutliches und selbstbewusstes Nein vor. Die Kinder diskutieren über die Wirkung der beiden Varianten und entscheiden, mit welchem Nein sie sich besser durchsetzen können.

Die Erzieherin sagt leise und zurückhaltend „Nein“, guckt dabei zur Seite oder auf den Boden und duckt sich ein bisschen. Dann ruft sie laut und deutlich „Nein“, richtet sich dabei auf und hebt den Kopf. Die Kinder probieren die beiden Varianten selbst aus.

Übung 2

Es gibt noch weitere Möglichkeiten des Nein-Sagens:

- Ich sage Nein mit dem Gesicht.
- Ich sage Nein mit meinem Körper.
- Ich sage Nein mit meinen Händen.
- Ich sage Nein mit meinen Füßen.

Die Kinder spielen verschiedene Ausdrucksformen durch. Sie lernen dabei auch, aufmerksamer für die leisen Neins der anderen zu werden.

Modul 7: Konflikte und Konfliktlösung

„Jeder ist anders. Ich akzeptiere dich, so wie du bist."

1. Tag: Lass mich spielen!
2. Tag: Ich kann das besser.
3. Tag: Sei nicht so gemein!
4. Tag: Tu mir nicht weh!

Konflikte gehören zur Kommunikation, denn die Entschlüsselung dessen, was eine Person mitteilen will, ist ein komplexer Vorgang. Kinder müssen erst die Fähigkeiten dazu erwerben. Konflikte bieten auch die Chance, Erfahrungen für den Umgang mit schwierigen Situationen zu sammeln und die notwendigen Bewältigungsstrategien zu entwickeln. So ist es nicht sinnvoll, Kinder aus Konflikten heraushalten zu wollen. Antonovsky erklärt das mit einer eindrucksvollen Metapher: „Meine fundamentale Annahme ist, dass der Fluss der Strom des Lebens ist. Niemand geht sicher am Ufer entlang. Darüber hinaus ist für mich klar, dass ein Großteil des Flusses sowohl im wörtlichen wie auch im übertragenen Sinn verschmutzt ist. Es gibt Gabelungen im Fluss, die zu leichten Strömungen oder in gefährliche Stromschnellen und Strudel führen. Meine Arbeit ist der Auseinandersetzung mit folgender Frage gewidmet: Wie wird man, wo immer man sich in dem Fluss befindet, dessen Natur von historischen, soziokulturellen und physikalischen Umweltbedingungen bestimmt wird, ein guter Schwimmer?" (Antonovsky 1997, S. 92)

Ein guter Schwimmer im Fluss des Lebens kann ein Kind aber nur werden, wenn es fähig wird, schwierige Situationen zu meistern. Dazu reicht es nicht aus, neben dem Fluss herzulaufen, sondern das Kind muss sich mitten hineinbegeben. Kinder müssen das Schwimmen lernen und werden dabei von ihren Bezugspersonen angeleitet. Wenn diese das nicht tun, dann werden sich die Kinder selbstständig Orientierungshilfen suchen. Sie schauen sich zum Beispiel bei den Erwachsenen ab, wie diese Konflikte lösen. Auch die Medien spielen dabei eine – leider meist unschöne – Rolle.

Mit Kindern frühzeitig und gemeinsam konstruktive Konfliktlösestrategien zu erarbeiten, ist Ziel der Gesundheitstage in diesem Modul: Die Kinder reflektieren über selbst erlebte Konfliktsituationen und deren Ablauf. Sie erkennen, was Streitsituationen sind und üben im Spiel, wie sie diese bewältigen können. Die Kinder lernen, Konflikte so zu lösen, dass keinem wehgetan wird und die Stärken und Schwächen jedes Kindes berücksichtigt werden. Sie überlegen, wie es ist, wenn jemand gemein zu ihnen ist, und was sie dagegen tun können. Jeder Anfang und jeder kleine Lernzuwachs auf der Suche nach gewaltfreien Lösungen ist von Bedeutung. In diesem Zusammenhang werden auch **leichte Yoga-Übungen** eingeführt, die den Kindern helfen, zur Ruhe zu kommen und ihnen in der Folge im Kindergartenalltag immer wieder große Freude machen.

1. Tag: Lass mich spielen.

Lernziele

Die Kinder reflektieren über Konfliktsituationen und deren Ablauf. Sie erkennen, was Streitsituationen sind und üben im Spiel, wie sie diese bewältigen können.

Verlauf	Methodisch-didaktische Hinweise	Material
Einführung Begrüßung und Einführung in das Thema durch Oskar und Lilly; Singen des Projektliedes		Logo Oskar und Lilly Lied
Wir machen Yoga Mit einer Geschichte werden die Kinder in Yoga eingeführt. Sie lernen einige kleine Yoga-Übungen, die anschließend an jedem „Ich-bin-ich-Tag“ wiederholt werden.	Die Bewegungen zu den Yoga-Übungen werden den Kindern zuerst vorgemacht und anschließend gemeinsam durchgeführt. Zur Veranschaulichung werden die betreffenden Abbildungen gezeigt. Anregung: Eine gute Ergänzung bieten das Buch „Sina und die Yogakatze“ von Ursula Karven oder die Bildkarten von Gulden, Pohl und Scheer.	**Material 7.1** Matte Stilleschild Klangschale Literaturtipp (siehe Anhang)
Nicht genug für alle Den Kindern wird eine Situation vorgegeben, in der sie lernen, mit anderen zu teilen. In dieser Konfliktsituation erarbeiten sie aktiv Lösungen.	Anregung: Eine gute Ergänzung bietet das Bilderbuch „Du hast angefangen! Nein, Du!“ von David McKee.	**Material 7.2** Spielzeug Literaturtipp (siehe Anhang)
Eine Bildergeschichte Die Kinder bringen die Abbildungen aus der Bildergeschichte in eine Reihenfolge und erzählen anschließend eine Geschichte dazu. Hierbei ist es wichtig, dass sie erkennen, wie ein Streit verlaufen und gelöst werden kann.	Die Kärtchen sind vorab von der Erzieherin angefertigt worden, oder die Kinder schneiden sie selbst aus. Die Reihenfolge der Kärtchen kann bei den einzelnen Kindern unterschiedlich sein – jede Lösung wird akzeptiert. Auch die Gründe des Streits können hierbei thematisiert werden.	**Material 7.3** evtl. für jedes Kind einen eigenen Kartensatz
Wie ich mich heute fühle Die Kinder malen „ihr Gesicht“ aus. Gespräch und Ablage in die „Ich-bin-ich-Mappe“.		**Material 2.3**
Blitzlicht und Abschiedsritual		Siehe Modul 1, Tag 1

Material 7.1

Wir machen Yoga.

Erzieherin

Wie ihr ja wisst, haben Oskar und Lilly viele Freunde und unternehmen tolle Dinge mit ihnen. Was sie neulich erlebt haben, erzähle ich euch jetzt:

Oskar und Ariana, die Giraffe, sitzen am Gartentisch. Beide haben ein Bild von dem Schwimmbad gemalt, in dem sie am Vormittag zusammen gewesen sind. Nun streiten sie sich darüber, welches Bild schöner ist. Oskar sagt: „Mein Schwimmbad sieht viel besser aus als deins." „Das stimmt doch gar nicht", entgegnet Ariana. „Du hast ja noch nicht einmal die Rutsche gemalt." So streiten sie eine Weile hin und her, bis Ariana mit einem Stift einen dicken Strich durch Oskars Bild zieht. Nun ist Oskar wütend und zerreißt Arianas Bild. Beide fangen laut an zu schreien. Das hört Lilly und kommt zu ihnen an den Tisch.

„Hey, was ist denn hier los?", fragt Lilly. Ariana weint: „Oskar hat mein Bild kaputt gemacht!" Dann ruft Oskar: „Du hast aber angefangen! Du …" Beide schreien laut durcheinander. Lilly hält sich die Ohren zu und brüllt: „Ruhe! Jetzt beruhigt euch erst einmal und entspannt euch." „Aber wie?", schluchzt Ariana. „Das werde ich euch jetzt mal zeigen. Ich habe tolle Yogaübungen für euch. Die können wir gleich mal ausprobieren." „Yoga? Was ist denn Yoga? Eine neue Joghurt-Sorte?", fragt Ariana. „Nein, ich weiß es!", sagt Oskar. „Meine Mama hat mir erzählt, was Yoga ist. Das sind lustige Turnübungen aus einem Land, das sehr weit weg ist und Indien heißt. Das weiß ich, weil mein Uropa aus Indien kommt." Lilly stimmt Oskar zu: „Genau. Yoga ist ganz, ganz alt. Es ist gut für den Körper und macht gute Laune. Wir machen jetzt Yoga, und ich bin mir ganz sicher, dass es euch danach wieder viel besser geht."

Die Yoga-Übungen

Im Folgenden werden die Yoga-Übungen, die im Verlaufe des Moduls 7 eingeübt werden können, vorgestellt. Am ersten Tag werden die drei Übungen „Durchschütteln", „Löwe" und „Vulkan" erklärt und geübt. Die weiteren Übungen „Baum", „Krieger", „Tisch" und „Hund" können in der angegebenen Reihenfolge an den drei folgenden Gesundheitstagen dieses Moduls eingeführt werden. Jede Übung wird erst einmal von der Erzieherin vorgemacht. Zur Veranschaulichung werden die Abbildungen 7.1 präsentiert.

Durchschütteln. Lilly sagt: „Die erste Übung heißt Durchschütteln. Stellt euch gerade hin, und jetzt schüttelt euch, schüttelt den ganzen Körper. Schüttelt den Kopf, die Arme, die Beine und alles, was sich am Körper noch bewegen kann, so stark ihr könnt. Beim Ausatmen dürft ihr auch schreien. Probiert es doch einmal, wenn ihr Lust habt." (Anschließend machen alle die Übung gemeinsam.)

Der Löwe. Oskar und Ariana geht es nun schon etwas besser, aber sie sind gespannt, wie es weitergeht. Denn Lilly hat ja von mehreren Übungen gesprochen.

„Als nächstes machen wir den Löwen, rrrrhhhh", brüllt Lilly und lacht Oskar und Ariana an. „Ihr kniet euch auf den Boden, setzt euch auf eure Fersen und stützt die Hände vor euch zwischen den Knien ab. Es ist wichtig, dass der Rücken ganz gerade ist. Den Kopf könnt ihr leicht nach hinten legen, sodass die Nasenspitze zur Decke zeigt. Atmet tief durch die Nase ein, öffnet den Mund, sodass ihr die Zunge weit herausstrecken könnt. Beim Ausatmen brüllt ihr so laut ihr könnt: „Rrrrrrrrrrrrrrhhhhhhhhh!" (Alle machen die Übung gemeinsam.)

Der Vulkan. Oskar und Ariana geht es jetzt nun schon so gut, dass sie eigentlich gar keine Übung mehr zu machen brauchen. Yoga macht aber so viel Spaß, dass sie sich von Lilly auch noch die nächste Übung zeigen lassen.

„Als nächstes machen wir den Vulkan", erklärt Lilly. „Da können wir einmal alle zusammen explodieren und unsere Wut herauslassen! Stellt euch gerade hin. Die Füße sollen so dicht nebeneinanderstehen, dass sie sich berühren. Faltet eure Hände vor der Brust. Während ihr tief durch die Nase einatmet, wandern eure Hände langsam nach oben über den Kopf. Genau so steigt die Lava im Vulkan nach oben. Nun atmet kräftig durch den Mund aus und springt dabei mit den Beinen auseinander. Lasst die Arme gleichzeitig in einem großen Bogen an der Seite herunterplumpsen. So explodiert der Vulkan!" (Alle machen die Übung gemeinsam.)

Oskar und Ariana geht es nun wieder richtig gut. Sie nehmen sich in den Arm und freuen sich. Dann bedanken sie sich bei Lilly und üben noch ein bisschen weiter.

Der Baum. Stellt euch aufrecht hin. Schließt die Beine und bleibt ruhig stehen. Winkelt das rechte Bein an. Dreht das Knie nach außen und setzt den Fuß auf das andere Bein – da, wo euer Knie ist. Fühlt es sich zu wackelig an, könnt ihr den Fuß etwas am Bein hinunterschieben, bis ihr ruhig steht. Atmet tief durch die Nase ein und aus. Steht ganz fest – wie ein Baum. Jetzt versucht, die Arme langsam nach oben zu heben. Die Arme sind die Äste des Baumes. Versucht, sie so hoch wie möglich zu strecken. Probiert es doch auch noch einmal mit dem anderen Bein.

Der Krieger. Stellt die Beine weit auseinander. Dreht den Oberkörper auf die rechte Seite, auch das rechte Knie und der rechte Fuß werden nach rechts gedreht, das linke Bein verändert sich nicht. Beugt nun das rechte Knie, das linke Bein bleibt gestreckt, die linke Fußspitze zeigt weiterhin zur Seite. Danach streckt ihr beide Arme aus – einen nach vorne und einen nach hinten – und schaut nach vorne auf eure rechte Hand. So steht ihr eine Weile stolz wie ein Krieger da.

Der Tisch. Setzt euch hin und winkelt die Beine an, sodass die Knie nach oben zeigen. Eure Hände stützt ihr neben dem Po ab. Den streckt ihr nun nach oben, bis der Rücken eine gerade Linie bildet, sodass er wie eine Verlängerung der Tischplatte aussieht. Ihr könnt den Kopf auch einmal kurz nach unten hängen lassen. Dann nehmt ihr den Kopf langsam wieder hoch und senkt den Po zurück zum Boden. Schaut mal zu, wie Lilly das macht: Es ist gar nicht so schwer.

Der Hund. Stellt euch aufrecht hin. Atmet tief ein. Beugt euch beim Ausatmen nach vorn und lasst den Oberkörper nach unten fallen, bis die Hände den Boden berühren. Nun stützt euch auf den Händen ab und setzt die Beine nach hinten, sodass ihr eine Brücke bildet. Den Po streckt ihr zur Decke, soweit es geht. Lasst die Hände dabei aber immer auf dem Boden und macht euch ganz, ganz lang. Bleibt eine Weile so stehen, atmet ruhig ein und aus. Und nun bewegt ihr die Füße zu den Händen und stellt euch wieder aufrecht hin.

Der ausschlagende Esel. Aus dem Hund der vorhergehenden Übung könnt ihr nun ganz leicht einen ausschlagenden Esel machen. Macht wieder eine Brücke und streckt den Po nach oben. Hebt den Kopf jetzt leicht an und werft dann eure Beine nacheinander nach oben. Schlagt mit ihnen wild durch die Luft und stoßt dabei kräftig nach hinten. So macht das ein Esel, wenn er wild ist.

Material 7.1

Abbildung Yogaübungen

Material 7.2

Nicht genug für alle.

Mehrere gleiche Gegenstände wie z. B. Luftballons, Kuscheltiere oder anderes Spielzeug werden herausgelegt. Ganz wichtig dabei: Die Gegenstände müssen in geringerer Anzahl vorhanden sein, als Kinder anwesend sind.

Alle sitzen im Kreis zusammen und die Gegenstände werden in der Mitte platziert. Die Erzieherin erklärt den Kindern nun, dass sie mit ihnen ein Spiel machen will, zu dem jedes Kind einen der Gegenstände benötigt. Die dabei auftretende Schwierigkeit – zu wenige Teile für alle – werden die Kinder wahrscheinlich gleich erkennen. Sollte ihnen der Sachverhalt nicht bewusstwerden, weist die Erzieherin darauf hin, dass zuerst ein Problem gelöst werden muss.

Nachdem das Problem erkannt ist, geht es darum, gemeinsam Lösungsvorschläge zu sammeln: Wie können wir spielen, wenn z. B. für ein Kind das Spielzeug fehlt? Die Kinder erhalten genügend Zeit zum Nachdenken. Alle Vorschläge werden akzeptiert und besprochen. Anschließend wird mit den Kindern diskutiert, welche Idee sie zuerst ausprobieren möchten.

Die Erzieherin unterstützt die Kinder bei der Ideensammlung. Hier einige Lösungsvorschläge:

- Wir überlegen uns ein anderes Spiel.
- Wir besorgen erst das fehlende Spielzeug und spielen dann später.
- Wir suchen ein Ersatzspielzeug.
- Wir spielen so, dass nach einiger Zeit gewechselt wird und nicht immer das gleiche Kind ohne Spielzeug ist.
- Wir spielen alle zusammen und ändern die Spielregel (ein Kind ist z. B. Spielleiter).
- Wir teilen uns in zwei Gruppen auf und spielen nacheinander. Während die erste Gruppe spielt (das Spielzeug reicht dann auf jeden Fall), beschäftigt sich die zweite Gruppe inzwischen draußen oder sucht sich ein anderes Spiel. Die Erzieherin sagt Bescheid, wann getauscht wird.

Material 7.3

Eine Bildergeschichte

Die Kinder erhalten jeweils eine Kopie der Bildgeschichte und schneiden die einzelnen Szenen aus. Alternativ kann die Erzieherin diesen Arbeitsschritt überspringen, indem sie die Kärtchen vorbereitet. Dazu wird jedes Bild (Abbildung 7.3) nach dem Ausschneiden auf Pappe oder festes Papier aufgeklebt. Die Kinder können gemeinsam mit der Geschichte arbeiten oder in kleinen Gruppen. Auf jeden Fall wäre es gut, diese Kärtchen nicht nur in einer Ausführung zu haben. Denn es kann durchaus sein, dass die Gruppen zu verschiedenen Lösungen kommen und sich so die Reihenfolge der Kärtchen unterscheidet. Wichtig ist, dass jede Lösung vorgestellt und akzeptiert wird. Die Kinder erzählen die Geschichte, die sie ausgelegt haben. Dabei wird auch über die Gründe des auf den Kärtchen dargestellten Streits und dessen Lösung gesprochen.

Material 7.3

2. Tag: Ich kann das besser.

Lernziele

Die Kinder denken über die Stärken von Lilly und Oskar und über ihre eigenen Fähigkeiten nach. Es wird herausgearbeitet, dass alle Kinder sowohl Stärken als auch Schwächen haben. Sie lernen, dass die Schwächen anderer kein Streitgrund sind, sondern sich alle gut ergänzen können. Jedes Kind kann etwas Besonderes und bringt seine Stärken in die Gruppe ein.

Verlauf	Methodisch-didaktische Hinweise	Material
Einführung Begrüßung und Einführung in das Thema durch Oskar und Lilly; Singen des Projektliedes		Logo Oskar und Lilly Lied
Wir machen Yoga. Die Kinder erzählen, was sie an Yoga gut finden, und warum sie die Übungen wieder ausführen möchten.	Die Übungen werden angeleitet. Zunächst werden die drei Übungen vom ersten Tag wiederholt. Danach kann eine neue Übung erlernt werden.	**Material 7.1** Matte Stilleschild, Klang-schale
Der Kuckuck und der Esel Die Kinder hören und singen das Lied. Anschließend werden die Kinder angeregt, über den Streit von Kuckuck und Esel nachzudenken: Worüber haben Kuckuck und Esel gestritten? Wie konnten sie den Streit beenden? Alternativ können die Kinder den Text in einem Rollenspiel darstellen.	Musikvorschlag: „Der Kuckuck und der Esel"	Instrument oder CD Lied (siehe Anhang)
Wer kann was besonders gut? Oskar und Lilly streiten oft darüber, was jeder von ihnen besser als der andere kann. Die Kinder schauen sich Oskar und Lilly genau an und überlegen, was die beiden gut können.	Die beiden Tiere werden herumgereicht. Anregung: Wenn die Übung den Kindern Spaß macht, können auch noch weitere Tiere hinzugenommen werden. Dazu können auch die Tierabbildungen aus Modul 2 genutzt werden.	**Material 7.4** Logo Oskar und Lilly Abbildungen (z. B. Material 2.1)
Was kann ich? Jedes Kind überlegt, was es besonders gut kann (z. B. hüpfen, Fahrradfahren, malen), und stellt diese Fähigkeit der Gruppe vor. Danach bildet jedes Kind Sätze, die mit „Ich kann gut …" beginnen.	Jedes Kind zeigt der Gruppe pantomimisch seine besondere Fähigkeit. Die Kinder können ihre Stärken auch malen. Fällt einem Kind keine eigene Stärke ein, können die anderen Kinder helfen und Stärken des Kindes hervorheben.	Stifte Papier
Wie ich mich heute fühle. Die Kinder malen „ihr Gesicht" aus. Gespräch und Ablage in die „Ich-bin-ich-Mappe".		**Material 2.3**
Blitzlicht und Abschiedsritual		Siehe Modul 1, Tag 1

Material 7.4

Wer kann was besonders gut?

Erzieherin
Oskar und Lilly streiten oft darüber, was jeder von ihnen besser als der andere kann. Oskar meint, er könne besser hören und Lilly sagt, sie könne besser Fische fangen. Was meint ihr? Was kann Oskar gut? Was kann Lilly gut?

Schauen wir uns doch noch einmal genau unsere beiden Freunde an. Tatsächlich: Oskar hat größere Ohren und Lilly hat Krallen. Was kann denn Oskar sonst noch besser und warum wohl? Und wie ist es bei Lilly?

Anregung: Wenn die Übung den Kindern Spaß macht, können auch noch andere Tiere hinzugenommen werden. Das hängt davon ab, welche Plüschtiere oder Abbildungen vorhanden sind. Die Tierabbildungen aus Modul 2 können hier wiederverwendet werden.

3. Tag: Sei nicht so gemein zu mir!

Lernziele

Die Kinder sprechen darüber, wie sie sich fühlen, wenn jemand gemein zu ihnen ist, und was sie dagegen tun können. Es wird diskutiert, was überhaupt als „gemein" empfunden wird und wie sich jemand fühlt, wenn er ungerecht behandelt wird.

Verlauf	Methodisch-didaktische Hinweise	Material
Einführung Begrüßung und Einführung in das Thema durch Oskar und Lilly; Singen des Projektliedes		Logo Oskar und Lilly Lied
Wir machen Yoga Die Kinder erzählen, was sie an Yoga gut finden und warum sie die Übungen wieder ausführen möchten.	Die Übungen werden angeleitet. Zunächst werden die Übungen vom zweiten Tag wiederholt. Danach kann eine neue Übung hinzugenommen werden.	**Material 7.1** Matte Stilleschild, Klang-schale
Das Märchen vom Aschenputtel Die Erzieherin erzählt den Kindern das Märchen „Aschenputtel" von den Gebrüdern Grimm – jedoch nicht bis ganz zum Ende (Hochzeit noch auslassen).	Die Erzieherin erzählt möglichst frei. Die meisten Kinder kennen Aschenputtel. Wenn Kinder das Märchen noch nicht kennen, sollten die Märchenfiguren gut beschrieben und evtl. auch ein paar Bilder aus einem Märchenbuch gezeigt werden. Anregung: Das Märchen kann auch von den Kindern nachgespielt werden.	**Material 7.5** Märchenbuch (siehe Anhang)
Gespräch über das Märchen Die Kinder tauschen sich über den Inhalt des Märchens vom Aschenputtel aus: Wer verhält sich gemein? Was ist gemein an dem Verhalten der Schwestern und deren Mutter? Wie fühlt sich Aschenputtel dabei? Was gefällt den Kindern in der Geschichte? Was erlebt Aschenputtel und wie geht es ihr?	Vor dem Gespräch Bewegung einbauen, z. B. die Yoga-Übung „Durchschütteln". Es wird darüber reflektiert, was die Kinder als ungerecht oder gemein empfinden. Die Kinder erzählen, wie Aschenputtel doch noch belohnt wurde und was sie alles erlebte.	
Reflexion: Sei nicht so gemein zu mir! Die Kinder erzählen, in welcher Situation jemand gemein zu ihnen war und wann sie sich selbst gemein zu anderen verhalten haben.	Jedes Kind wird angehört. Wichtig ist, dass die Gefühle, die das Kind in der beschriebenen Situation hatte, besprochen werden. Beispiele von Oskar und Lilly, um den Kindern bei ihren Reflexionen zu helfen.	**Material 7.6**
Hochzeit feiern mit Aschenputtel Nun wird das Ende des Märchens vom Aschenputtel erzählt. Die Kinder feiern und tanzen auf dem Hochzeitsfest von Aschenputtel. Die Hochzeitszeremonie wird nachgespielt, anschließend wird getanzt (und gegessen).	Die Kinder können sich aussuchen, welche Person aus dem Märchen sie spielen wollen. Anregung: Das „Hochzeitsmahl" kann ebenso wie die Hochzeitszeremonie gespielt werden. Die Kinder verwenden z. B. Trinkbecher für den Hochzeitssekt und Pappteller mit etwas Obst für das Festessen. Die Ausgestaltung sollte der Fantasie der Kinder überlassen werden. Musikvorschlag: „Hochzeitsmarsch" von Felix Mendelssohn Bartholdy	**Material 7.7** Musik (siehe Anhang) Deko zum Ausgestal-ten der Feier evtl. Kostüme aus bunten Tüchern Schals Königskrone Geschirr für Hochzeits-mahl

Verlauf	Methodisch-didaktische Hinweise	Material
Wie ich mich heute fühle Die Kinder malen „ihr Gesicht“ aus. Gespräch und Ablage in die „Ich-bin-ich-Mappe“.		**Material 2.3**
Blitzlicht und Abschiedsritual		Siehe Modul 1, Tag 1

Material 7.5

Das Märchen vom Aschenputtel

Kinder lieben an Märchen die klaren Botschaften: Das Gute besiegt das Böse. Mithilfe des Märchens können sie sich ihrer eigenen Bilderwelt überlassen und ihre Nöte und Ängste bearbeiten. Sie fühlen mit, wenn Aschenputtel schlecht behandelt wird, und sie freuen sich, dass diejenigen, die böse waren, bestraft werden.

Die Erzieherin erzählt das Märchen möglichst frei. Auf diese Weise kann sie die Reaktionen der Kinder sehen und erkennen, wo Klärungsbedarf besteht. Die Kinder dürfen auch nachfragen, wenn sie etwas nicht verstehen. Die Begriffe „Stiefmutter“ und „Stiefschwester“ müssen eventuell geklärt werden.

Lernziele für die Auseinandersetzung mit dem Märchen:
- Die Arbeit im Haushalt war nicht gerecht verteilt.
- Die beiden Schwestern haben Aschenputtel schlecht behandelt.
- Aschenputtel hat sich allein gefühlt.
- Sie hat Trost am Grabe der Mutter gefunden und unerwartete Hilfe bekommen.
- Die Schwestern wollen durch Betrug etwas erreichen.
- Die Wahrheit kommt aber heraus und Aschenputtel wird für ihren Fleiß und ihre Ehrlichkeit belohnt.

Material 7.6

Reflexion: Sei nicht so gemein zu mir!

Erzieherin
Wir haben jetzt viel über Aschenputtel gesprochen. Aschenputtel ist ein Märchen. Passiert das aber manchmal auch wirklich, dass jemand gemein ist?

Lilly
Ja, manchmal ist Oskar richtig gemein zu mir. Neulich hat er mich einfach von der Schaukel geschubst, weil er gerne schaukeln wollte. Da war ich ganz schön wütend.

Oskar
Lilly, du bist auch gemein. Gestern als ich bei dir zu Besuch war, da habe ich gesehen, wie du deinen kleinen Bruder geärgert hast. Du hast ihn nicht mitspielen lassen. Und deinen neuen Ball hast du ihn nicht anfassen lassen. Da war er ganz schön traurig und hat sogar geweint.

Erzieherin zu den Kindern
Und ihr? Habt ihr auch schon solche Situationen erlebt?

Die Kinder erzählen, in welcher Situation jemand gemein zu ihnen war, und wann sie sich selbst gemein zu anderen verhalten haben. Jedes Kind wird angehört. Wichtig ist, dass seine Gefühle in der beschriebenen Situation besprochen werden.

Material 7.7

Hochzeit feiern mit Aschenputtel

Das Ende des Märchens wird von der Erzieherin oder den Kindern erzählt. Die Kinder werden ermuntert, die Hochzeitszeremonie zu spielen. Dieses Spiel wird von den Kindern gestaltet, ihrer Fantasie sind dabei keine Grenzen gesetzt.

Da Kinder sich gerne verkleiden, können – soweit es möglich ist – einige Utensilien bereitgestellt oder mitgebracht werden.

Die Kinder können sich aussuchen, welche Person aus dem Märchen sie spielen wollen. Ein Kind spielt die Person (siehe Anmerkung), die das Paar traut. Auch die Stiefschwestern und die Stiefmutter sind eingeladen. Die Kinder könnten sich überlegen, ob sie ihnen verzeihen und wie sie sich ihnen gegenüber verhalten wollen. Danach feiern die Kinder. Sie setzen sich an den Tisch zum Hochzeitsmahl und tanzen auf dem Hochzeitsfest von Aschenputtel.

Anmerkung: Hier ergibt sich eine gute Möglichkeit, mit den Kindern darüber ins Gespräch kommen, wer ein Hochzeitspaar trauen kann und dass das ganz unterschiedlich möglich ist, z. B. wegen unterschiedlicher Glaubensrichtungen oder auch ohne religiöse Zeremonien (vgl. hierzu auch Schlösser 2017).

4. Tag: Tu mir nicht weh!

Lernziele

Die Kinder reflektieren über unterschiedliche Konfliktsituationen – auch über solche, in denen sie sich früher einmal wehgetan haben. Sie lernen und erproben Möglichkeiten, wie sie zukünftig mit Gewaltsituationen umgehen können.

Verlauf	Methodisch-didaktische Hinweise	Material
Einführung Begrüßung und Einführung in das Thema durch Oskar und Lilly; Hören und Singen des Projektliedes		Logo Oskar und Lilly Lied
Wir machen Yoga Die Kinder erzählen, was sie an Yoga gut finden, und warum sie die Übungen wieder ausführen möchten.	Die Übungen werden angeleitet. Zunächst werden die Übungen vom dritten Tag wiederholt. Danach kann eine neue Übung hinzugenommen werden.	**Material 7.1** Matte Stilleschild, Klangschale
Die Streithörnchen Eine Geschichte zur Einstimmung auf das Gespräch über selbst erlebte Konflikte	Die Erzieherin liest vor und reflektiert mit den Kindern die Geschichte. Folgende Fragen eignen sich: Weshalb haben sich die Streithörnchen gestritten? Woran konnte man merken, dass sie sich streiten? Wie konnten sich die Streithörnchen wieder vertragen?	Literatur (siehe Anhang)
Was passiert denn da? Die Kinder sprechen über verschiedene Konfliktsituationen (z. B. an den Haaren ziehen, schubsen, spucken, etwas wegnehmen, ein Bein stellen). Sie tauschen sich darüber aus, ob sie schon einmal in einer solchen Lage waren und wie es ihnen dabei ging. Die Kinder erzählen, wie sie sich verhalten haben, oder sie denken darüber nach, wie sie sich verhalten würden (Beispiel: „Wenn mich jemand an den Haaren zieht, dann…").	Die Erzieherin kann die Konfliktsituationen aufschreiben und mit den Kindern dazu verständliche Symbole erfinden. So entsteht eine Übersicht, die für die nächste Übung „Hör auf, lass mich in Ruhe!" genutzt werden kann.	
Wir basteln ein Stoppschild. Die Kinder basteln ein Stoppschild, das sie als Schutzschild gegen gemeines Verhalten nutzen können. Vorher wird geklärt, in welchen Situationen man „Stopp" sagen möchte.	Die Kinder basteln sich Stoppschilder für ihre Hosentaschen. Dazu werden beliebig große Rechtecke vorgezeichnet, die die Kinder ausschneiden können. Auf die Karte wird in Großbuchstaben „STOPP" geschrieben (von den Kindern oder von der Erzieherin).	Blätter roter Tonkarton Filzstift, Scheren
Hör auf, lass mich in Ruhe! Die Kinder spielen die bereits besprochenen Situationen aus der Übung „Was passiert denn da?" paarweise nach. Sie können sich auch weitere Konfliktsituationen ausdenken. Mit Einsatz des Stoppschildes und ihrer Körpersprache drücken die Kinder in der Gruppe laut und deutlich ihren Widerstand aus.	Wichtig: Die Rollen werden gewechselt, damit jedes Kind einmal sein Stoppschild einsetzen kann.	Stoppschild

Verlauf	Methodisch-didaktische Hinweise	Material
Wie ich mich heute fühle Die Kinder malen „ihr Gesicht“ aus. Gespräch und Ablage in die „Ich-bin-ich-Mappe“.		**Material 2.3**
Blitzlicht und Abschiedsritual		Siehe Modul 1, Tag 1

Modul 8: Ernährung

„Gemeinsam essen beim Abschlussfest macht Spaß."

1. Tag: Was ich gerne esse.
2. Tag: Gemeinsam essen macht Spaß (Abschlussfest).

Das Thema „Ernährung" bildet den Abschluss des „Ich-bin-ich-Projektes". Es eignet sich dafür gut, weil die Kinder ein leckeres Essen (Obstsalat, Brote, Quarkspeisen u. a.) für das Abschlussfest vorbereiten können. Die gemeinsame Mahlzeit ist die beste Möglichkeit, Esskultur und gesundes Essverhalten zu erleben. Auch unter dem Aspekt der interkulturellen Erziehung stellt das gemeinsame Essen einen wichtigen Teil des Miteinanders dar. So erhalten die Kinder die Möglichkeit, die Ernährungsgewohnheiten anderer Familien kennenzulernen und etwas Neues auszuprobieren.

Während der beiden Gesundheitstage machen sich die Kinder Gedanken über leckeres Essen und Trinken. Sie tauschen sich darüber aus, warum die Ernährung für ihre Gesundheit wichtig ist. Die Kinder erzählen, was sie besonders gerne essen und welche Speisen sie auch schon selbst zubereiten können. Dabei erkennen sie Gemeinsamkeiten und Unterschiede im Ernährungsverhalten der Kinder und ihrer Familien. Zur Veranschaulichung wird die **Kinderpyramide,** eine für Kinder entwickelte **Ernährungspyramide** (siehe Quellennachweis), genutzt. Sie ist nach dem Ernährungskonzept „optimierte Mischkost" entwickelt worden und zeigt, in welcher Häufigkeit und Menge die verschiedenen Nahrungsmittel verzehrt werden sollen, um gesund zu bleiben.

Zur Abschlussfeier gehört auch eine festlich geschmückte Tafel, die von den Kindern ideenreich gestaltet wird. Die Verabschiedung erfolgt mit einem **Rückblick auf die „Ich-bin-ich-Stunden".** Die Kinder erzählen, was ihnen besonders gefallen hat und welche Übungen sie gerne weitermachen würden. Jedes Kind erhält feierlich eine **Urkunde,** die es als „Ich-bin-ich-Expertin" bzw. „Ich-bin-ich-Experte" ausweist.

1. Tag: Was ich gerne esse.

Lernziele

Die Kinder sprechen über leckeres Essen und Trinken und erzählen über ihre Lieblingsspeisen. Das eigene Essverhalten wird überdacht. Die Kinder erfahren, dass jeder etwas anderes gerne isst und dass es Gemeinsamkeiten und Unterschiede in den Essgewohnheiten der Familien gibt.

Verlauf	Methodisch-didaktische Hinweise	Material
Einführung Begrüßung und Einführung in das Thema durch Oskar und Lilly; Singen des Projektliedes		Logo Oskar und Lilly Lied
Bewegung und Entspannung Bewegungsübung „Ich-bin-ich“ Entspannungsübung „Pizza backen“		**Material 1.3** **Material 8.1** Matte Stilleschild, Klangschale
Mir ist so schlecht! Die Geschichte wird vorgelesen und vorgespielt. Die Kinder sprechen darüber, warum Oskar und Lilly Bauchschmerzen hatten und überlegen, ob es ihnen nach dem Essen auch schon einmal schlecht ging.	Die Kinder können die Geschichte nachspielen und ihre eigenen Erfahrungen einbringen.	**Material 8.2**
„In meinem kleinen Apfel“ Der Liedtext kann als Anlass für ein Gespräch über leckeres Obst und Gemüse genutzt werden.	Musik: „In meinem kleinen Apfel“. Zur Veranschaulichung wird ein Apfel aufgeschnitten. Die Kinder hören und singen das Lied.	**Material 8.3** Lied (siehe Anhang)
Was esse ich gerne? Die Kinder legen Abbildungen verschiedener Lebensmittel auf einen Pappteller, um ihr „Lieblingsessen“ zusammenzustellen. Sie können auch selbst etwas zeichnen. Anschließend erzählen die Kinder, warum sie gerade diese Speisen ausgewählt haben und was sie daran besonders gerne mögen.	Abbildungen (z. B. aus Prospekten eines Supermarktes) oder Kärtchen mit Abbildungen von verschiedenen Lebensmitteln werden von den Kindern ausgeschnitten oder vorbereitet, sodass jedes Kind aus einem breiten Angebot auswählen kann. Falls etwas fehlt, werden die Kinder ermuntert, die betreffende Speise selbst auf den Teller zu malen. Die Erzieherin hilft dabei.	Prospekte aus Supermarkt oder Kärtchen mit Bildern von Lebensmitteln Pappteller bunte Stifte, Kleber
„Die Ernährungspyramide“ Das Lied kann als Anlass für ein intensiveres Gespräch über leckeres Essen genutzt werden.	Die Kinder können das Lied gemeinsam an einem Laptop oder Tablet ansehen und mitsingen.	Lied (siehe Anhang) digitales Endgerät
Meine Ernährungspyramide Die Erzieherin stellt den Kindern die Ernährungspyramide vor.	Die Kinder bringen ihr eigenes Wissen über Lebensmittel und Ernährung ein.	**Material 8.4** Abbildung einer Ernährungspyramide (siehe Anhang)

Verlauf	Methodisch-didaktische Hinweise	Material
Mein Lieblingsessen Die Kinder präsentieren ihre Pappteller aus der Übung „Was esse ich gerne?“ und stellen den anderen ihr Lieblingsessen vor. Anschließend sortieren die Kinder ihre ausgewählten Essens-Kärtchen nach den Kriterien der Ernährungspyramide und kleben sie in ihre Pyramide ein. Sie vergleichen ihr Lieblingsessen mit der Ernährungspyramide.	Jedes Kind erhält eine Kopie der Abbildung 8.4 und erstellt eine eigene Pyramide, damit das individuelle Essverhalten sichtbar wird. Tipp: Eventuell die Ernährungspyramide auf A3 vergrößern und für jedes Kind ausdrucken.	Ausgewählte Essens-Bilder der Kinder Kopien Abb. 8.4 Klebstoff
Wie ich mich heute fühle. Die Kinder malen „ihr Gesicht“ aus. Gespräch und Ablage in die „Ich-bin-ich-Mappe“.		**Material 2.3**
Blitzlicht und Abschiedsritual	Zum nächsten „Ich-bin-ich-Tag“ wird ein Korb mit verschiedenen Obstsorten benötigt. Die Kinder werden gebeten, Rezepte für Obstsalat von zu Hause mitzubringen (Eltern aktivieren).	Siehe Modul 1, Tag 1

Material 8.1

Entspannungsübung „Pizza backen“

Die Kinder finden sich in Paaren zusammen. Ein Kind legt sich auf den Bauch, mit den Armen neben dem Körper, und kommt zur Ruhe. Der Partner setzt sich daneben und macht die Handbewegungen, die die Erzieherin zur Erläuterung des folgenden „Pizzarezepts“ vorgibt, auf dessen Rücken nach. Anschließend werden die Rollen getauscht.

- **Der Tisch wird mit Mehl bestreut:** Mit den Fingerspitzen über den Rücken streichen.
- **Der Teig wird darauf geknetet:** Den Rücken durchkneten.
- **Der Teig wird ausgerollt:** Mit den Fäusten über den Rücken von oben nach unten streichen.
- **Die Soße wird auf dem Teig verteilt:** Mit den Handflächen den Rücken in Schlangenlinien von oben nach unten abstreichen.
- **Die Pizza wird mit Wurst- oder Mozzarellascheiben belegt:** Mit den Handflächen leicht auf den Rücken klatschen.
- **Die Pizza wird mit Mais bestreut:** Mit den Zeigefingern auf den Rücken tippen.
- **Die Pizza wird mit Champignons belegt:** Mit den Handflächen leicht auf den Rücken drücken.
- **Die Pizza wird mit Käse bestreut:** Mit den Fingerspitzen über den Rücken krabbeln.
- **Die Pizza backt im Ofen:** Mit den Handflächen von der Wirbelsäule leicht nach außen streicheln.

Material 8.2

Mir ist so schlecht!

Erzieherin
Oskar und Lilly sind mit einigen Freunden im Schwimmbad. Nachdem sie eine Zeit lang im Wasser sind, sehen sie, wie Metin (der Löwe) sich am Kiosk ein Eis kauft. Da fällt Oskar ein, dass er noch eine Tüte Chips im Rucksack hat, und Lilly kauft sich eine Packung Gummibärchen. Gemeinsam machen sie eine Schwimmpause und fangen an zu naschen.

Lilly
„Ich habe gar nicht gemerkt, dass ich richtig Hunger habe."

Oskar
„Stimmt. Das Spielen hat so viel Spaß gemacht, dass wir das wohl ganz vergessen haben."

In kurzer Zeit haben sie beide Tüten leer gegessen. Jetzt fühlen sie sich so voll, dass sie sich gar nicht mehr bewegen wollen.

Oskar
„Boah, hab' ich Bauchschmerzen!"

Lilly
„Mir ist schon ganz schlecht!"

Oskar und Lilly ist die Lust am Schwimmen vergangen und sie gehen langsam nach Hause. Am liebsten möchten sie sich jetzt hinlegen und einen warmen Tee trinken.

Material 8.3

In meinem kleinen Apfel

In meinem kleinen Apfel da sieht es lustig aus:
Es sind darin fünf Stübchen, grad wie in einem Haus.

In jedem Stübchen wohnen zwei Kernchen schwarz und fein,
die liegen drin und träumen vom lieben Sonnenschein.

Sie träumen auch noch weiter gar einen schönen Traum,
wie sie einst werden hängen am lieben Weihnachtsbaum.

Worte: volkstümlich

Material 8.4

Die Ernährungspyramide

Jedes Kind erhält eine Kopie der Abbildung 8.4. Die Erzieherin erklärt die Pyramide.

Die Ernährungspyramide hat sechs Ebenen (siehe Anmerkung). Die untere größte Ebene (die Basis) bilden die Getränke und die nächste Ebene die pflanzlichen Lebensmittel (Getreideprodukte). Diese beiden Ebenen zeigen das, was am häufigsten und reichlich verzehrt werden soll. Auf den nächsten Ebenen folgen Obst und Gemüse, danach tierische Produkte (Milch, Käse, Fleisch, Wurst), die maßvoll verzehrt werden sollen und oben stehen die sparsam zu verwendenden Fette. Die Spitze bilden süße und salzige Leckereien. Auf diese Weise wird den Kindern verdeutlicht, dass auch Leckereien gegessen werden können, wenn die anderen Lebensmittel ausreichend zu sich genommen werden. Um den Kindern die Inhalte verständlich und logisch erklären zu können, wird mit Farben gearbeitet. Auch Kindern, die noch nicht lesen können, kann auf diese Weise die Bedeutung von bestimmten Lebensmitteln und Getränken verständlich gemacht werden. So wird die Basis z. B. von sechs Gläsern mit Getränken gebildet und die vorletzte Ebene von zwei Abbildungen mit fettreichen Lebensmitteln. Das bedeutet: mindestens sechsmal ein Glas Flüssigkeit, aber nur zwei Portionen mit fettreichem Essen. Es sollte auch erklärt werden, was „eine Portion" heißt.

Anmerkung: Zur Erklärung kann auch ein Ausdruck der Ernährungspyramide für Kinder aus dem Internet genutzt werden (siehe Anhang). Außerdem hilft das Lied, das ebenfalls im Anhang zu finden ist, beim Verständnis.

Material 8.4

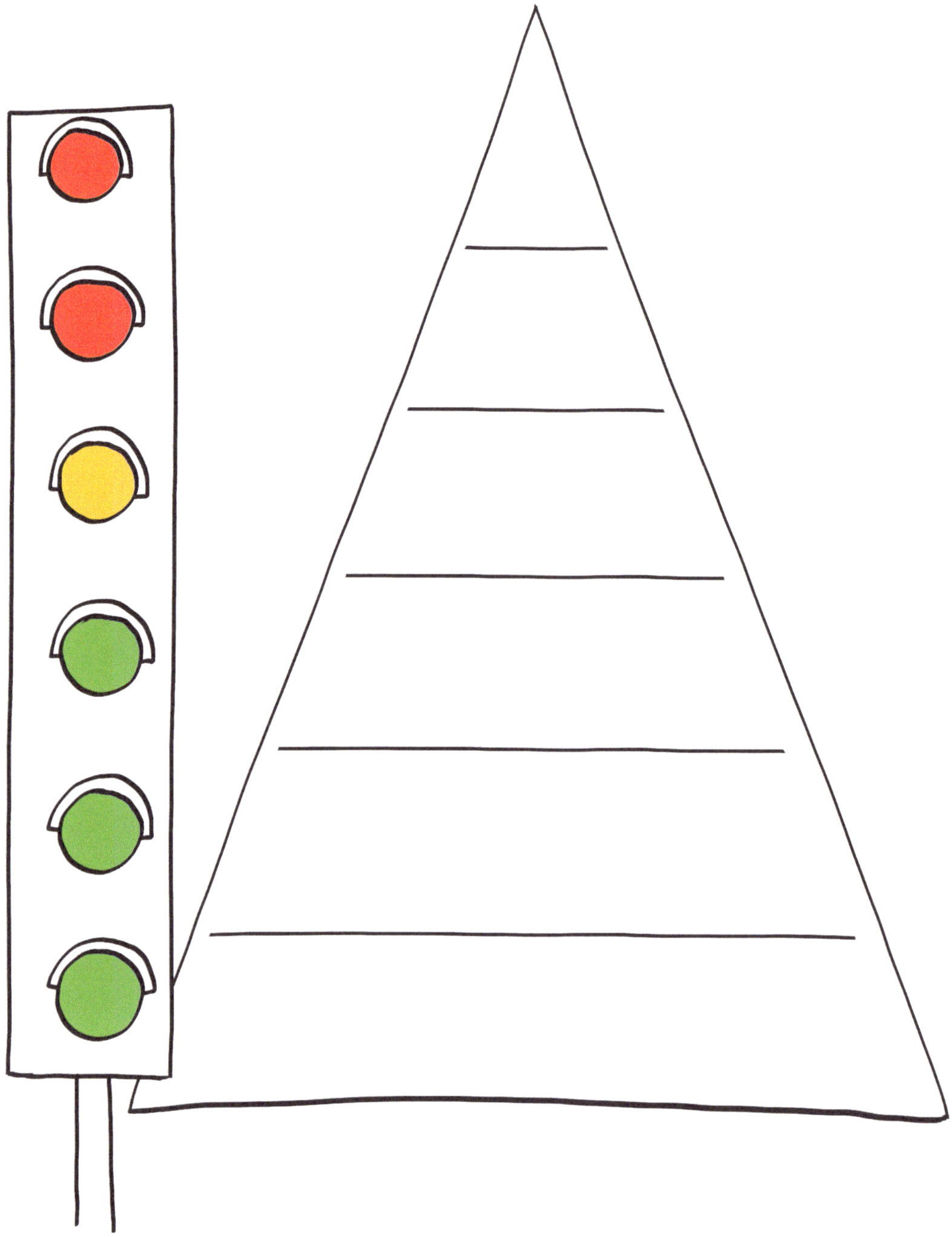

Datum: Name:

2. Tag: Gemeinsam essen macht Spaß (Abschlussfest).

Lernziele

An diesem Tag wird der Abschluss des Projektes gefeiert. Die Kinder bereiten dieses Fest gemeinsam vor. Sie decken den Tisch und stellen Salate, Brote und anderes leckeres Essen her. Dabei werden sie sich ihrer eigenen Esskultur bewusst und erleben, dass gemeinsame Mahlzeiten Spaß machen. Sie erfahren, dass Obst in vielen Varianten zubereitet werden kann. Jedes Kind erhält abschließend eine Urkunde, die die Teilnahme mit dem Ergebnis, eine „Ich-bin-ich-Expertin“ bzw. ein „Ich-bin-ich-Experte“ geworden zu sein, bestätigt.

Verlauf	Methodisch-didaktische Hinweise	Material
Einführung Begrüßung durch Oskar und Lilly; Singen des Projektliedes	Ein Picknick-Korb steht im Raum. Die Kinder werden darauf hingewiesen, dass dieser Korb noch eine wichtige Rolle spielen wird, denn es soll der Abschluss der „Ich-bin-ich-Stunden“ gefeiert werden.	Logo Oskar und Lilly Lied
Bewegung und Entspannung Bewegungsübung „Ich bin Ich“ Entspannungsübung „Picknick mit Oskar und Lilly“		**Material 1.3** **Material 8.5** Matte Musik (siehe Anhang) Stilleschild, Klangschale
Was ist in dem Obstkorb? Die Kinder ertasten mit verbundenen Augen die unterschiedlichen Obstsorten in dem Korb. Auch Obst, das weniger bekannt ist, sollte zum Einsatz kommen.	Die Kinder können auch versuchen, das Obst über ihren Geruchs- oder Geschmackssinn zu erkennen. Hinweis: Diese Übung kann auch ausgelassen werden, da das Abschlussfest im Mittelpunkt stehen soll. Es wäre gut, insgesamt mehr Zeit für diesen Gesundheitstag vorzusehen, damit die Kinder einen schönen Abschluss genießen können.	Korb mit verschiedenen Obstsorten Schals
Unser Abschlussfest Die Gruppe bereitet einen Obstsalat zu. Das gemeinsame Essen wird als Abschlussfest gestaltet.	Die Gruppe tauscht sich über die gesammelten Rezepte aus. Während des Essens kann Musik gespielt werden (z. B. das Projektlied). Dabei wird auch darüber gesprochen, was den Kindern an den „Ich-bin-ich-Tagen“ besonders gefallen hat.	Obst Messer, Löffel Teller, Brettchen Schüssel Projektlied
Meine „Ich-bin-ich-Urkunde“ Zum Abschluss wird jedem Kind feierlich eine Urkunde überreicht.	Zusätzlich kann jedem Kind ein Abschlussgeschenk überreicht werden (z. B. ein T-Shirt mit den Maskottchen Oskar und Lilly).	**Material 8.6**
Wie ich mich heute fühle Die Kinder malen „ihr Gesicht“ aus. Gespräch und Ablage in die „Ich-bin-ich-Mappe“.		**Material 2.3**
Blitzlicht und Abschiedsritual Beide Rituale werden als Verabschiedung von den „Ich-bin-ich-Tagen“ genutzt.	Das Blitzlicht kann zu einer Gesamtrückschau erweitert werden. Die Erzieherin fragt z. B., woran die Kinder sich erinnern können, was ihnen am besten gefallen hat, was sie mit ihrer „Ich-bin-ich-Mappe“, die sie mit nach Hause nehmen können, machen werden.	Siehe Modul 1, Tag 1

Material 8.5

Entspannungsübung „Picknick mit Oskar und Lilly“

Erzieherin

Suche dir einen schönen Platz, an dem du ruhig werden kannst, um auf eine Reise zu gehen. Kuschle dich schön ein und mach es dir so richtig bequem. Fühle, wie dein Atem in deinen Bauch fließt. Atme tief ein und aus. Du wirst immer ruhiger. Und nun bist du bereit, mit Oskar und Lilly unterwegs zu sein.

Spürst du den warmen Sonnenschein auf deinem Gesicht? Die Sonnenstrahlen wandern auf deinen Hals, auf deinen Bauch, deine Arme und deine Beine. Dabei wird dir schön warm. Und während du die Sonnenstrahlen auf deinem Körper fühlst, entdeckst du Oskar und Lilly, die auf einer Wiese spazieren gehen. Sie suchen nach einem schönen Platz für ein Picknick. Wenn du genau hinschaust, kannst du auch sehen, dass Lilly und Oskar riesige Picknickkörbe dabeihaben. Was da wohl drin sein mag? Du beschließt, zu Lilly und Oskar zu gehen. Du willst ihnen „Hallo“ sagen, und außerdem bist du neugierig, was die beiden wohl in ihren Körben haben.

Gemeinsam schlendert ihr ein wenig über die Wiese und genießt die warmen Sonnenstrahlen. Bald kommt ihr an ein schönes Plätzchen. Hier ist das Gras besonders hoch und es gibt viele bunte Blumen. In der Mitte steht ein großer Baum. Hier wollt ihr eure große Decke ausbreiten und die beiden Picknickkörbe auspacken. Die Spannung wächst. Was da wohl drin ist?

Lilly fängt an, ihren Korb auszupacken. Zum Vorschein kommen: Brot, eine Gurke, Tomaten, Äpfel, Käse, Wurst, drei Eier, Weintrauben und zwei Flaschen Wasser. Jetzt wollen du und Lilly wissen, was Oskar wohl in seinem Korb hat. Also fängt Oskar an, seinen Picknickkorb auszupacken. Er hat eine Tafel Schokolade, eine Tüte Gummibärchen und eine Dose Kekse dabei. „Oh, Oskar“, sagt Lilly erstaunt, „du hast ja nur Süßigkeiten mitgebracht. Willst du das alles allein essen? Davon wird dir doch bestimmt ganz schlecht.“ „Quatsch, Lilly! Das ist unser Nachtisch. Den teilen wir uns nach dem Essen. Ich weiß doch, dass man nicht nur Süßes essen soll.“ So beschließt ihr, die Speisen in die Mitte eurer Picknickdecke zu legen und von allem ein bisschen zu essen. Zuerst schneidet ihr das Brot an. Jeder bekommt eine dicke Scheibe, belegt mit Käse und Wurst. Dazu esst ihr das frische Obst und Gemüse. „Oh, wie lecker das schmeckt! Was magst du am liebsten? Die süßen Weintrauben, die saftige Gurke, die knackigen Äpfel?“, fragt ihr euch gegenseitig.

Vielleicht hast du hier im Raum schon unseren Picknickkorb entdeckt? Öffne jetzt langsam deine Augen, strecke dich und recke dich, und dann setze dich ganz langsam auf. Lasse dir ruhig ein wenig Zeit dabei und denke – ohne zu sprechen – an die Sachen, die du beim Picknick gesehen hast.

Material 8.6

Meine „Ich-bin-ich-Urkunde"

Es ist wichtig, dass die Kinder eine Erinnerung an die „Ich-bin-ich-Stunden" mitnehmen können. Dazu gibt es verschiedene Möglichkeiten:

Eine Urkunde: Sie bescheinigt den Kindern, dass sie nun eine „Ich-bin-ich-Expertin" bzw. ein „Ich-bin-ich-Experte" sind. Der Text wird ihnen vorgelesen und dann wird die Urkunde, die von der Erzieherin vorbereitet wurde, feierlich übergeben.

Ein Abschiedsgeschenk: Jedes Kind bekommt z. B. ein T-Shirt mit dem Aufdruck des Logos (Oskar und Lilly). Diese schöne Überraschung könnte mit den Eltern abgesprochen und vorbereitet werden.

Die „Ich-bin-ich-Mappe": In der Mappe befinden sich alle Materialien, die das Kind während der Stunden angefertigt hat. Diese Mappe bekommt nun jedes Kind überreicht – mit einem persönlichen Wort der Erzieherin, einem Bild oder einem Gruppenfoto.

Material 8.6

Urkunde

ist jetzt eine „Ich-bin-ich-Expertin".

Oskar und Lilly sagen „Tschüss"
und wünschen dir alles Gute!

Ort, Datum

Material 8.6

Urkunde

ist jetzt ein „Ich-bin-ich-Experte“.

Oskar und Lilly sagen „Tschüss“
und wünschen dir alles Gute!

Ort, Datum

Welche Erfahrungen sprechen für die Arbeit mit diesem Buch?

- Das „Ich-bin-ich-Buch" ist nicht nur auf einen ausgewählten Aspekt der Gesundheitsförderung, zum Beispiel das Ernährungsverhalten, gerichtet, sondern wird dem modernen Gesundheitsverständnis als Insgesamt des körperlichen, seelischen und sozialen Wohlbefindens gerecht. Es kommt den Bedürfnissen der Kinder entgegen und unterstützt die Entwicklung von Basiskompetenzen.
- Die Vorschläge, die in diesem Buch erarbeitet wurden, können entsprechend dem Bedarf in der jeweiligen Kita oder Kindergruppe umgesetzt werden. Sie realisieren einen Setting-Ansatz: Die Inhalte und Übungen nutzen allen, die in dem pädagogischen Feld *Kindertageseinrichtung* miteinander kommunizieren und kooperieren, bei der Beziehungsgestaltung, beim Spielen, Lernen und Arbeiten.
- Das vorliegende Buch enthält viele praktische Anregungen und kann die alltägliche Arbeit der Erzieherinnen unterstützen. Es bietet einen sicheren Rahmen, um Neues auszuprobieren und über Gefühle oder Probleme zu sprechen. Obwohl die Themen implizit in den Erziehungszielen verankert sind und schließlich in den Bildungs- und Erziehungsplänen auch explizit genannt werden, ist deren Realisierung im Kindergartenalltag oft unklar und schwierig. Mithilfe der Module und der vorgeschlagenen „Ich-bin-ich-Tage" kann die Arbeit an der Umsetzung dieser Ziele systematisch erfolgen und bietet die Möglichkeit, das Wohlbefinden der Kinder zu erfassen und positiv zu beeinflussen.
- Die Beziehung zwischen den Kindern und der Erzieherin wird intensiver, sie erfährt mehr über die Kinder, ihre Wünsche und Sorgen, ihre Familie und deren Werte und kann mit diesem Wissen der Individualität besser gerecht werden. Die Gesundheitstage bieten Raum und Zeit für Beziehungsgestaltung, gemeinsames Ausprobieren und gegenseitige Bestätigung. Damit heben sich die „Ich-bin-ich-Tage" vom Alltagsgeschehen ab. Während im Alltag meist wenig Zeit für ausführliche Gespräche bleibt, steht das einzelne Kind in den Gesundheitsstunden im Mittelpunkt der Aufmerksamkeit.
- Wenn das salutogenetische Konzept über ein Jahr kontinuierlich und mit der erforderlichen Regelmäßigkeit im Ablauf, in der Zeit und in der inhaltlichen Ausrichtung realisiert wird, verändert sich auch die Beziehung der Kinder zueinander, sie fühlen sich akzeptiert und anerkannt, ihr Zugehörigkeitsgefühl wird gefördert.
- Die Selbstwertstärkung in der „Ich-bin-ich-Gruppe" ist erfolgreich, weil in einem kleinen stabilen Team jedes Kind mit seinen Besonderheiten wahrgenommen und akzeptiert werden kann.
- Das Selbstvertrauen der Kinder verändert sich während des „Ich-bin-ich-Jahres". Auch Kinder, die sonst kaum sprechen, beteiligen sich zunehmend aktiv und lernen, ihre Stärken wahrzunehmen und in die Gruppe einzubringen. Sie werden risikofreudiger und sicherer.
- Die Übertragbarkeit der im Buch ausgewählten Module zur Stärkung des Selbstwertes und der Zugehörigkeit auf den Kindergartenalltag wird von den Erzieherinnen als Bereicherung empfunden.
- Bisherige Erfahrungen zeigen, dass sich das Gesamtprojekt sowie einzelne Übungen in adaptierter Form auch für Kinder mit kognitiven, sozial-emotionalen, visuellen und motorischen Defiziten eignen. So kann mit dem „Ich-bin-ich-Projekt" das gemeinsame Lernen von Kindern mit und ohne Beeinträchtigungen gefördert und eine inklusive Pädagogik erlebbar gemacht werden.

Anhang

Modul 1

Tag 1

Melodie zum Projektlied: „Alle Vögel sind schon da" In: Kinderchor des NDR und Erich Bender: „Alle Vögel sind schon da… – Die schönsten deutschen Volksweisen und Kinderlieder." Audio-CD, Philips Universal.
Zu finden auch unter: https://youtu.be/VnrtKbZhiqw, https://youtu.be/-Dc4SmFvvow

Alternativen zum Projektlied:
„Du bist du". In: Rolf Zuckowski: Der kleine Tag. Audio-CD.

„Das Lied über mich". In: Volker Rosin: Kinderdisco – Das Original. Audio-CD.

„Ich bin klasse so wie ich bin," unter: https://youtu.be/jndoT8pTMTQ

Tag 4

Vorschläge für Entspannungsmusik
Detlev Jöcker (2005): Das Flummilied. Aus dem Album: Singen & Bewegen (2005). https://youtu.be/feR-qY86WM0

Franz Schuier und Sabine Seyffert (2006): Komm mit ins Regenbogenland. Entspannungsmusik für Kinder. Audio-CD, Kösel.

Arnd Stein (1999): Traumland. Sanfte Musik zum Träumen und Wohlfühlen. Audio-CD, Vtm-Stein (Bogner Records).

Arndt Stein (2000): Sternenreise. Sanfte Musik zum Träumen und Wohlfühlen. Audio-CD, Vtm-Stein (Tyrolis Music GmbH).

Arnd Stein (2007): Inselträume. Sanfte Musik zum Träumen und Wohlfühlen. Audio-CD, Vtm-Stein (Bogner Records).

Modul 2

Tag 1

Detlev Jöcker (2005): Tanzlied der Tiere. Aus dem Album: Singen & Bewegen (2005). https://youtu.be/erTqs0HLzcw

Tag 2

Vorschläge für Begleitmusik
Detlev Jöcker (1996): Und weiter geht's im Sauseschritt. Audio-CD, Men (Sony BMG).

Franz Schuier und Sabine Seyffert (2006): Komm mit ins Regenbogenland. Entspannungsmusik für Kinder. Audio-CD, Kösel.

Rolf Zuckowski (2007): Bewegung mit Musik macht Kinder stark. Buch und CD. Ökotopia.

Rolf Zuckowski (2006). Das große Abenteuer Musik. Audio-CD, Universal Music GmbH.

Tag 3

Vorschläge für Kindertänze

Simone Sommerland: Die 30 besten Partylieder für Kinder.

„Ententanz“: In „Die 30 besten Partylieder“ oder https://youtu.be/sjrji-9CfJc

Stephan Janetzko: KINDERTANZ – beweg dich ganz! 24 Kindertänze fürs ganze Jahr.

Rolf Zukowski (2006): Das große Abenteuer Musik. Audio-CD, Universal Music GmbH.

Tag 4

Friedrich Smetana (2000): „Die Moldau.“ (Musikstück). In: Klassik für Kinder – Die Moldau. Erklärt und dirigiert von Gerd Albrecht. Audio-CD, Koch Class Universal.

Modul 3

Tag 1

„WIR! Ich bin ich und du bist du. Wenn ich rede, hörst du zu.“ (Lied) (2018) In: Abenteuer mit KESS – Musik für Kinder. https://www.youtube.com/watch?v=h1LkgtAW2Tc

Modul 5

Tag 1

Rolf Zuckowski (1997): „… Und ganz doll mich.“ (Lied). In: Der Spielmann – Das Beste aus 20 Jahren. Audio-CD, Musik für Dich (Universal).

Tag 2

Gerhard Schöne (2004): „Kalle, Heiner, Peter…“ (Lied). In: Gerhard Lieder aus dem Kinderland. Audio-CD, Sony BMG.

Modul 6

Tag 1

Jeanette Boetius/Sandra Irmler: Fotokarten Gefühle.
https://www.donbosco-medien.de/fotokarten-gefuehle/t-641/2773

Tag 2

Vorschläge für Lieder

Gerhard Schöne (2002): „Wenn du glücklich bist…“ Kinderlieder aus aller Welt. Audio-CD, Kinderwelt (Universal Music GmbH).

Herman van Veen (1990): „So fröhlich.“ (Lied) In: Rote Wangen – 20 Jahre Kinderlieder. Audio-CD, Polydor (Universal Music GmbH).

„Wenn du fröhlich bist“ Kinderlied, Text und Melodie: aus England *(If you're happy).* https://www.youtube.com/watch?v=gzwIWBNobXw

Tag 3

Nena (1999): „Der traurige Bär“ (Lied). In: „Nena macht Rabatz“. Audio-CD, Polydor Universal.

Popcorn-Song von Kingsley.

Tag 4

Gerhard Schöne (2002): „Wenn du glücklich bist…“ Kinderlieder aus aller Welt. Audio-CD, Kinderwelt (Universal Music GmbH).

Tag 6

Susa Apenrade (2021): „Ich bin stark, ich sag laut Nein!: So werden Kinder selbstbewusst“ . Arena.

Modul 7

Tag 1

Elke Gulden/Gabriele Pohl/Bettina Scheer (2019). 30 Kinderyoga-Bildkarten: Übungen und Reime für kleine Yogis (Körperarbeit und innere Balance. 30 Ideen auf Bildkarten). https://www.buecher.de/shop/grundschule/30-kinderyoga-bildkarten/gulden-elke-pohl-gabriele-scheer-bettina/products_products/detail/prod_id/48178536/

Ursula Karven (2005): Sina und die Yogakatze. Rowohlt Taschenbuch.

David McKee (2005): Du hast angefangen! Nein, Du!. 18. Auflage. Sauerländer.

Tag 2

Hoffmann von Fallersleben (Text)/Carl Friedrich Zelter (Musik): „Der Kuckuck und der Esel“. In: Kinderchor des NDR und Erich Bender (1997): Alle Vögel sind schon da… – Die schönsten deutschen Volksweisen und Kinderlieder. Audio-CD, Philips Universal.

Tag 3

Jakob Grimm/Wilhelm Grimm (2000): Grimms Märchen. Gesamtausgabe. Dörfler.

Felix Mendelssohn Bartholdy: „Hochzeitsmarsch“. In: „Sommernachtstraum op. 61“ (Instrumentalstück).

Modul 8

Nena (1995): „In meinem kleinen Apfel“ (nach: Wolfgang Amadeus Mozart). In: Nena (1995): Unser Apfelhaus. Audio-CD, Polydor. https://youtu.be/Bi2Oq3h5xxU

Kinderlied (2019): „Die Ernährungspyramide“. https://www.youtube.com/watch?v=b3okuZp_gH4

kinder_ernaehrungspyramide_cc18 (eat.de) (Ernährungspyramide zum Ausdrucken).

Literatur

Antonovsky, Aaron (1997): Salutogenese. Zur Entmystifizierung der Gesundheit. Tübingen: dgvt-Verlag.

Bauer, Joachim (2006): Warum ich fühle, was du fühlst. München: Heyne.

Bayerisches Staatsministerium für Arbeit und Sozialordnung, Familie und Frauen/Staatsinstitut für Frühpädagogik München (2007): Der Bayerische Bildungs- und Erziehungsplan für Kinder in Tageseinrichtungen bis zur Einschulung. 2. aktualisierte und erweiterte Auflage. Mannheim: Cornelsen Scriptor.

Brooks-Gunn, Jeanne/Lewis, Michael (1984): The development of early visual self-recognition. Development Review, 4, S. 215–239.

Gigerenzer, Gerd (2008): Bauchentscheidungen. Die Intelligenz des Unbewussten und die Macht der Intuition. München: Goldmann.

Hurrelmann, Klaus (2004): Die Schule als Chance oder als Bedrohung? In: Träger der gesetzlichen Schüler-Unfallversicherung in NRW (Hrsg.), Gute und gesunde Schule. Kongressdokumentation, S. 25–41.

Kinder- und Jugendgesundheitssurvey (KiGGS) (2007): www.kiggs.de/studie/index.html

Kinder- und Jugendgesundheitssurvey (KiGGS): https://www.kiggs-studie.de/deutsch/studie/kiggs-im-ueberblick.html

Klasen, Fionna/Meyrose, Ann-Katrin/Otto, Christiane/Reiss, Franziska/Ravens-Sieberer, Ulrike (2017): Psychische Auffälligkeiten von Kindern und Jugendlichen in Deutschland: Ergebnisse der BELLA-Studie. Monatsschr. Kinderheilkd. 165, S. 402–407 (2017).

Krause, Christina (2000): Children's Self-worth and Health in Primary Schools. Zeitschrift der Schweizerischen Vereinigung für Kinder- und Jugendpsychologie SKJP, Psychologie & Erziehung, 25, Nr. 2 & 26 Nr. 1, Sondernummer, S. 114–127.

Krause Christina/Hannich, Hans-Joachim/Stückle, Christine/Widmer, Claire/Rohde, Christa/Wiesmann, Ulrich (2000): Selbstwert stärken – Gesundheit fördern: Unterrichtsvorschläge für das 1. und 2. Schuljahr. Donauwörth: Auer.

Krause, Christina/Stückle, Christine/Widmer, Claire/Wiesmann, Ulrich (2001): Selbstwert stärken – Gesundheit fördern. Unterrichtsvorschläge für das 3. und 4. Schuljahr. Donauwörth: Auer.

Krause, Christina/Wiesmann, Ulrich/Hannich, Hans-Joachim (2004): Subjektive Befindlichkeit und Selbstwertgefühl von Grundschulkindern. Lengerich: Pabst Science Publishers.

Krause, Christina (2009). Das Ich-bin-Ich-Programm. Selbstwertstärkung im Kindergarten mit Pauline und Emil. Berlin: Cornelsen Verlag Scriptor.

Krause, Christina/Lorenz, Rüdiger-Felix (2009): Was Kindern Halt gibt. Salutogenese in der Erziehung. Göttingen: Vandenhoeck & Ruprecht.

Krause, Christina (2012): Ohne Eltern geht es nicht! Handbuch zur Durchführung eines Elternkurses im Rahmen von Gesundheitsförderung. Heckenbeck: Verlag Gesunde Entwicklung.

Krause, Christina/Mayer, Claude-Helen (2012): Gesundheitsressourcen erkennen und fördern. Training für pädagogische Fachkräfte. Göttingen: Vandenhoeck & Ruprecht.

Krause, Christina (2018): Frühpädagogische Konzepte praktisch umgesetzt: Salutogenese in der Kita. Was Kinder gesund erhält. Berlin: Cornelsen.

Niedersächsisches Kultusministerium (2005): Orientierungsplan für Bildung und Erziehung im Elementarbereich niedersächsischer Tageseinrichtungen für Kinder.

Ravens-Sieberer, Ulrike/Kaman, Anne/Otto, Christiane/Adedeji, Adekunle/Devine, Janine/Erhart, Michael/Napp, Ann-Kathrin/Becker, Marcia/Blanck-Stellmacher, Ulrike/Löffler, Constanze/Schlack, Robert/Hurrelmann, Klaus (2020): Mental health and quality of life in children and adolescents during the COVID-19 pandemic – results of the COPSY study. Dtsch Arztebl Int 2020; 117: 828–9. DOI: 10.3238/arztebl.2020.0828 Psychische Gesundheit und Lebensqualität von Kindern und Jugendlichen während der COVID-19-Pandemie – Ergebnisse der COPSY-Studie (aerzteblatt.de).

Robert Koch-Institut (2018): Psychische Auffälligkeiten bei Kindern und Jugendlichen in Deutschland – Querschnittergebnisse aus KiGGS Welle 2 und Trends. Journal of Health Monitoring · 2018 3(3) DOI 10.17886/RKI-GBE-2018-077 Robert Koch-Institut, Berlin.

Schlösser, Elke (2017): Ansätze interkultureller Erziehung und Ableitungen kultursensibler Bildungsarbeit in Kindertageseinrichtungen. www.kindergartenpaedagogik.de

Watzlawick, Paul/Beavin, Janet Helmick/Jackson, Don D. (1969): Menschliche Kommunikation. Bern, Stuttgart, Wien: Huber. (Originalausgabe: Pragmatics of Human Communication. A Study of Interactional Patterns, New York 1967).

Zimmer, Renate (2004): Handbuch der Bewegungserziehung – Grundlagen für Ausbildung und pädagogische Praxis. 4. Ausgabe der überarb. und erw. Neuausgabe.